扶贫惠农政策与法规百问百答

插图版

全国妇联妇女发展部
农业农村部科技教育司　组编
中　国　农　学　会

中国农业出版社
北京

图书在版编目（CIP）数据

扶贫惠农政策与法规百问百答：插图版 / 全国妇联妇女发展部，农业农村部科技教育司，中国农学会组编.—北京：中国农业出版社，2019.1（2019.11重印）
ISBN 978-7-109-25231-8

Ⅰ.①扶… Ⅱ.①全… ②农… ③中… Ⅲ.①扶贫—经济政策—中国—问题解答②法律—中国—问题解答 Ⅳ.①F124.7-44②D920.5

中国版本图书馆CIP数据核字（2019）第015021号

中国农业出版社出版
（北京市朝阳区麦子店街18号楼）
（邮政编码 100125）
责任编辑 刘 伟 杨晓改

北京通州皇家印刷厂印刷 新华书店北京发行所发行
2019年1月第1版 2019年11月北京第8次印刷

开本：880mm×1230mm 1/32 印张：5
字数：165千字
定价：20.00元

编 委 会

本书编写人员

主　编：孙　哲　冯桂真

副主编：杨春华　李　蕊　王　莉

参　编（按姓名笔画排序）：

马　静　王海丽　白永刚

毕　坤　杨洁梅　吴天龙

袁宏伟　廖丹风

前　言

实现脱贫摘帽，需要各级干部群众的实干苦干，需要党和国家扶贫攻坚政策的支持。知晓这些好政策、用好这些好政策，是做好精准扶贫、精准脱贫工作的重要出发点。

编写此书，旨在通过对扶贫惠农政策、农村土地问题、农村生产经营问题、婚姻继承问题、妇女儿童和老年人权益保护问题、邻里关系等方面相关政策法规的介绍，进一步增强政策法规意识，提高对党和国家惠农强农富农政策的知晓率，明白在生产生活中“可以怎么做，应该怎么做，怎么做更好”，鼓足干劲加速迈向幸福小康路！

由于编者水平有限，加之成书时间紧，书中难免有疏漏和不妥之处，敬请广大读者批评指正。

编　者

2018年12月

目　录

农村土地问题

■ 农业生产经营问题

婚姻、继承问题

■ 妇女、儿童、老年人权益保护问题

■ 邻里关系及其他问题

扶贫、惠农政策

1 十九大报告对我国“三农”问题的集中部署，传递了哪些重要信息？

十九大报告对“三农”的集中部署体现在第五部分第（三）条，报告指出：实施乡村振兴战略。农业、农村、农民问题是关系国计民生的根本性问题，必须始终把解决好“三农”问题作为全党工作重中之重。具体内容明确了以下重要信息：

（1）坚持了一个重要的地位不变——重中之重。

（2）提出了一个重要的新战略——乡村振兴战略。

（3）送来了一个及时的“定心丸”——土地延包30年。

（4）拓宽了一个核心任务的渠道——农民增收。

（5）提出培养一支重要的工作力量——“三农”工作队伍。

2 十九大报告对打赢脱贫攻坚战的总体部署是什么？

十九大报告中全面总结了我国脱贫攻坚的伟大历史成就，提出了2020年农村贫困人口全部脱贫的目标，展示了打赢脱贫攻坚战的坚强决心，指出了实现脱贫攻坚目标的正确方向。

报告指出，要动员全党全国全社会力量，坚持精准扶贫、精准脱贫，坚持中央统筹省负总责市县抓落实的工作机制，强化党政一把手负总责的责任制，坚持大扶贫格局，注重扶贫同扶志、扶智相结合，深入实施东西部扶贫协作，重点攻克深度贫困地区脱贫任务，确保到2020年我国现行标准下农村贫困人口实现脱贫，贫困县全部摘帽，解决区域性整体贫困，做到脱真贫、真脱贫。这是党中央对我国脱贫攻坚的最新要求。

3 十九大报告提出的解决“三农”问题的根本途径是什么？

十九大报告指出，推动城乡发展一体化。解决好农业、农村、农民问题是全党工作重中之重，城乡发展一体化是解决“三农”问题的根本途径。要加大统筹城乡发展力度，增强农村发展活力，逐步缩小城乡差距，促进城乡共同繁荣。坚持工业反哺农业、城市支持农村和多予少取放活方针，加大强农惠农富农政策力度，让广大农民平等参与现代化进程、共同分享现代化成果。加快发展现代农业，增强农业综合生产能力，确保国家粮食安全和重要农产品有效供给。坚持把国家基础设施建设和社会事业发展重点放在农村，深入推进新农村建设和扶贫开发，全面改善农村生产生活条件。着力促进农民增收，保持农民收入持续较快增长。坚持和完善农村基本经营制度，依法维护农民土地承包经营权、宅基地使用权、集体收益分配权，壮大集体经济实力，发展农民专业合作和股份合作，培育新型经营主体，发展多种形式规模经营，构建集约化、专业化、组织化、社会化相结合的新型农业经营体系。改革征地制度，提高农民在土地增值收益中的分配比例。加快完善城乡发展一体化体制机制，着力在城乡规划、基础设施、公共服务等方面推进一体化，促进城乡要素平等交换和公共资源均衡配置，形成以工促农、以城带乡、工农互惠、城乡一体的新型工农、城乡关系。

4 2018年中央1号文件对乡村振兴战略进行了怎样的全面部署？

2018年中央1号文件《中共中央　国务院关于实施乡村振兴战略的意见》对实施乡村振兴战略进行了全面部署。

文件指出，实施乡村振兴战略，是解决人民日益增长的美好生活需要和不平衡不充分的发展之间矛盾的必然要求，是实现“两个一百年”奋斗目标的必然要求，是实现全体人民共同富裕的必然要求。

文件从提升农业发展质量、推进乡村绿色发展、繁荣兴盛农村文化、构建乡村治理新体系、提高农村民生保障水平、打好精准脱贫攻坚战、强化乡村振兴制度性供给、强化乡村振兴人才支撑、强化乡村振兴投入保障、坚持和完善党对“三农”工作的领导等方面进行安排部署。

文件提出，走中国特色社会主义乡村振兴道路，让农业成为有奔头的产业，让农民成为有吸引力的职业，让农村成为安居乐业的美丽家园。文件确定了实施乡村振兴战略的目标任务：到2020年，乡村振兴取得重要进展，制度框架和政策体系基本形成；到2035年，乡村振兴取得决定性进展，农业农村现代化基本实现；到2050年，乡村全面振兴，农业强、农村美、农民富全面实现。

文件强调，坚持农业农村优先发展。把实现乡村振兴作为全党的共同意志、共同行动，做到认识统一、步调一致，在干部配备上优先考虑，在要素配置上优先满足，在资金投入上优先保障，在公共服务上优先安排，加快补齐农业农村短板。

5 2018年中央1号文件中实施乡村振兴战略的目标任务是什么？

按照党的十九大提出的决胜全面建成小康社会、分两个阶段实现第二个百年奋斗目标的战略安排，实施乡村振兴战略的目标任务是：

到2020年，乡村振兴取得重要进展，制度框架和政策体系基本形成。农业综合生产能力稳步提升，现行标准下农村贫困人口实现脱贫，农村基础设施建设深入推进，农村生态环境明显好转，以党组织为核心的农村基层组织建设进一步加强，党的农村工作领导体制机制进一步健全，各地区各部门推进乡村振兴的思路举措得以确立。

到2035年，乡村振兴取得决定性进展，农业农村现代化基本实现。农业结构得到根本性改善，农民就业质量显著提高，相对贫困进一步缓解，共同富裕迈出坚实步伐；城乡基本公共服务均等化基本实现，城乡融合发展体制机制更加完善；乡风文明达到新高度，乡村治理体系更加完善；农村生态环境根本好转，美丽宜居乡村基本实现。

到2050年，乡村全面振兴，农业强、农村美、农民富全面实现。

6 什么是优势特色农业提质增效行动计划?

优势特色农业提质增效行动计划是指促进杂粮杂豆、蔬菜瓜果、茶叶蚕桑、花卉苗木、食用菌、中药材和特色养殖等产业提档升级，把地方土特产和小品种做成带动农民增收的大产业。大力发展木本粮油等特色经济林、珍贵树种用材林、花卉竹藤、森林食品等绿色产业。实施森林生态标志产品建设工程。开展特色农产品标准化生产示范，建设一批地理标志农产品和原产地保护基地。推进区域农产品公用品牌建设，支持地方以优势企业和行业协会为依托打造区域特色品牌，引入现代要素改造提升传统名优品牌。

7 什么是化肥农药使用量零增长行动?

2015 年 3 月 17 日，农业部表示，将在全国范围内启动实施化肥农药使用量零增长行动，力争到 2020 年，化肥利用率和主要农作物农药利用率均达到 40% 以上，分别比 2013 年提高 7 个百分点和 5 个百分点，实现农作物化肥、农药使用量零增长。

● 化肥使用量零增长行动方案　技术路径：推进精准施肥，调整化肥施用结构，改进施肥方式，有机肥替代化肥。重点措施是创新服务机制，强化农企对接，提高配方肥到田到户率；依托种粮大户、家庭农场、专业合作社等新型经营主体，推广机械施肥、水肥一体等施肥技术；推进新肥料、新技术应用，推广高效新型肥料和高效施肥技术模式；推进有机肥资源利用，提高土壤有机质含量；加强高标准农田建设，提升耕地质量，减少化肥投入。

- 农药使用量零增长行动方案　技术路径：控制病虫发生危害，高效低毒低残留农药替代高毒高残留农药、大中型高效药械替代小型低效药械，推行精准科学施药，推行病虫害统防统治。重点措施是构建病虫监测预警体系，提高监测预警的时效性和准确性；集成推广一批技术模式，建设一批绿色防控示范区，培养一批技术骨干，促进大面积推广应用；促进统防统治与绿色防控融合，提升组织化程度和科技化水平。

8 申报“三品一标”需要收费的项目有哪些？

无公害农产品、绿色食品、有机农产品和农产品地理标志统称“三品一标”。在申报“三品一标”的过程中：第一，需要做检测的要缴纳必要的环境检测费、产品检测费。第二，绿色食品和有机食品还需要缴纳标志使用费、公告费等。第三，收费标准方面，国家及农业农村部指定的检测机构根据不同情况都有详细的收费标准。在2016年6月农业部印发的《农业部关于推进“三品一标”持续健康发展的意见》中指出，一般申请“三品一标”，政府都会有相应的补贴和奖励，基本上可以做到“补贴费用＝申请费用”，相当于不花钱就能申请。

9 农业“三项补贴”改革的内容是什么？

2015 年，国家启动农业“三项补贴”改革，将种粮直补、农资综合补贴、良种补贴合并为“农业支持保护补贴”，政策目标调整为支持耕地地力保护和粮食适度规模经营。主要调整措施：一是将 80% 的农资综合补贴存量资金加上种粮农民直接补贴和农作物良种补贴资金，用于耕地地力保护。补贴对象为所有拥有耕地承包权的种地农民，享受补贴的农民要做到耕地不撂荒，地力不降低。这部分补贴资金以现金直补到户。2015 年选择在安徽、山东、湖南、四川和浙江 5 个省开展试点。二是将 20% 的农资综合补贴存量资金加上种粮大户补贴资金和农业“三项补贴”增量资金，支持发展多种形式的粮食适度规模经营，重点支持建立完善农业信

贷担保体系，向种粮大户、家庭农场、农民合作社、农业社会化服务组织等新型经营主体倾斜，体现“谁多种粮食，就优先支持谁”。

10 什么是退耕还林还草支持政策？

2014年，国家启动新一轮退耕还林还草工程，2014—2015年，退耕还林还草任务1 500万亩*。2015年12月，财政部、国家发展和改革委员会（以下简称“国家发展改革委”）、国家林业局、国土资源部、农业部、水利部、环境保护部、国务院扶贫开发领导小组办公室8部门联合印发了《关于扩大新一轮退耕还林还草规模的通知》，明确扩大新一轮退耕还林还草规模的主要政策有四个方面：一是将确需退耕还林还草的陡坡耕地基本农田调整为非基本农田。二是加快贫困地区新一轮退耕还林还草进度。三是及时拨付新一轮退耕还林还草补助资金，新一轮退耕还草的补助标准为：退耕还草每亩补助1 000元（其中中央财政专项资金安排现金补助850元、国家发展改革委安排种子种草费150元），分两次下达，每亩第一年600元（其中种子种草费150元）、第三年400元。四是认真研究在陡坡耕地梯田、重要水源地、15°～25°坡耕地以及严重污染耕地退耕还林还草。

* 亩为非法定计量单位，1亩≈667 $米^2$。

11 草原生态保护补助奖励政策的主要内容是什么？

2011年起，国家在内蒙古、新疆、西藏、青海、四川、甘肃、宁夏和云南8个主要草原牧区省份和新疆生产建设兵团，全面建立草原生态保护补助奖励机制。内容主要包括：实施禁牧补助，对生存环境非常恶劣、草场严重退化、不宜放牧的草原，实行禁牧封育，中央财政按照每亩每年6元的测算标准对牧民给予补助；实施草畜平衡奖励，对禁牧区域以外的可利用草原，在核定合理载畜量的基础上，中央财政对未超载的牧民按照每亩每年1.5元的测算标准给予草畜平衡奖励；给予牧民生产性补贴，包括畜牧良种补贴、牧草良种补贴（每年每亩10元）和每户牧民每年500元的生产资料综合补贴。2012年，草原生态保护补助奖励政策实施范围扩大到山西、河北、黑龙江、辽宁、吉林5省和黑龙江农垦总局的牧区半牧区县，全国13个省、自治区所有牧区半牧区县全部纳入政策实施范围。2017年，国家继续在13个省、自治区实施草原生态保护补助奖励政策，并适当提高补奖标准，完善政策内容。

12 国家鼓励种植饲草料吗？

2015年，国家启动实施“粮改饲”试点工作，中央财政投入资金3亿元，在河北、山西、内蒙古、辽宁、吉林、黑龙江、陕西、甘肃、宁夏和青海10个省、自治区，选择30个牛羊养殖基础好、玉米种植面积较大的县开展以全株青贮玉米收储为主的“粮改饲”试点工作。2016 年，“粮改饲”试点继续扩大到整个“镰刀弯”地区和黄淮海玉米生产区的 17 个省、自治区的 100 个县。补助对象为规模化草食家畜养殖场（户）或专业青贮饲料企业（合作社）。2017 年，继续鼓励实施该工作。

13 什么是畜牧良种补贴政策？

从 2005 年开始，国家实施畜牧良种补贴政策。2015 年投入畜牧良种补贴资金 12 亿元，主要用于对项目省份养殖场（户）购买优质种猪（牛）精液或者种公羊、牦牛种公牛给予价格补贴。生猪良种补贴标准为每头能繁母猪 40 元；肉牛良种补贴标准为每头能繁母牛 10 元；羊良种补贴标准为每只种公羊 800 元；牦牛种公牛补贴标准为每头种公牛 2 000 元；奶牛良种补贴标准为荷斯坦牛、娟姗牛、奶水牛每头能繁母牛 30 元，其他品种每头能繁母牛 20 元，并开展优质荷斯坦种用胚胎引进补贴试点，每枚补贴标准 5 000 元。2017 年，继续实施该项目。

14 国家对生猪（牛羊）调出大县有什么奖励?

为调动地方政府发展生猪（牛羊）养殖积极性，促进生猪（牛羊）生产、流通，引导产销有效衔接，保障市场供应，2015 年起中央财政实施生猪（牛羊）调出大县奖励政策。奖励资金管理坚持“引导生产、多调多奖、责权对等、注重绩效”的原则。生猪（牛羊）调出大县奖励资金包括生猪调出大县奖励资金、牛羊调出大县资金和省级统筹奖励资金三个部分。生猪（牛羊）调出大县奖励资金支持范围包括：生猪（牛羊）生产环节的圈舍改造、良种引进、污粪处理、防疫、保险、牛羊饲草料基地建设，以及流通加工环节的冷链物流、仓储、加工设施设备等方面的支出。省级统筹奖励资金按因素切块到省、自治区、直辖市，分配因素包括各省、自治区、直辖市生猪（牛羊）生产量、消费量等。统筹奖励资金由省级人民政府统筹安排用于支持本省、自治区、直辖市生猪（牛羊）生产流通和产业发展。2017年，继续实施该项目。

15 渔民如何申请渔业柴油补贴？

渔民申请渔业柴油补贴，须经过申请、受理、审核、公示和报批5个程序。

（1）申请

渔业船舶所有人填写“中央财政国内捕捞渔船油价补助申请表”，向船籍港所在地的县级渔业主管部门提出申请。

（2）受理

船籍港所在地的县级渔政部门或地级渔政部门代表同级渔业主管部门对渔民提出的申请进行受理。

（3）审核

成立渔业柴油补贴工作审核小组，审核小组由渔政队伍和渔业部门抽调人员组成。

（4）公示

严格执行公示制度，充分发挥社会、群众的监督作用与渔政督察作用。由县级渔政部门在渔民群众相对集中并容易看到的公共场所（如村委会、水产品交易市场和渔政办证大厅等）张榜公示。

（5）报批

经公示无异议后，以县级或地级市渔业主管部门的名义将拟补贴对象的名单和补贴金额汇总报送同级财政部门，由财政部门报经同级政府审批。

各单位于公示结束后，无异议的将补贴资金兑付到补贴对象手中，确保资金专款专用。

16 渔民申请海洋渔船更新改造补助的具体条件和补助标准是什么?

从2012年起，国家每年安排一定资金用于渔民和企业海洋渔船更新改造补助（含远洋渔船和国内海洋渔船）。渔船更新改造坚持渔民自愿的原则，对现有证书证件齐全的海洋捕捞渔船实施更新改造。重点更新淘汰老、旧、木质渔船和对海洋资源破坏较重的作业类型渔船，更新建造“安全、节能、经济、环保”的海洋标准化捕捞渔船。中央投资不超过每艘船总投资的30%，且原则上不超过渔船投资补助上限。中央补助投资采取先建后补的方式。对远洋捕捞渔船更新改造，中央补助投资按照建造进度拨付。对国内海洋捕捞渔船更新改造，待其建造完工后，凭“渔船检验证书”“渔船登记证书”“渔业捕捞许可证”领取中央补助投资。同时国家不再批准建造底拖网、帆张网和单船大型有囊灯光围网等资源破坏大的作业船型。其他作业类型渔船不得改造为拖网、张网渔船。补贴建造渔船的材质应为钢质或玻璃钢质，木质、钢丝网水泥等材质渔船不纳入补贴范围。除因船东患病致残、死亡等特殊情况，享受更新补助政策的海洋渔船 10 年内不得买卖，卖出的按国家补助比例归还给国家。

17 农户购买哪些农机可以获得农机购置补贴?

农业农村部根据全国农业发展需要和国家产业政策，在充分考虑各省地域差异和农业机械化实际的基础上，确定中央财政资金补贴机具种类范围为：耕整地机械、种植施肥机械、田间管理机械、收获机械、收获后处理机械、农产品初加工机械、排灌机械、畜牧水产养殖机械、动力机械、农田基本建设机械、设施农业设备和其他机械等 12 个大类 48 个小类 175 个品目的机具。

除以上品目外，各地可在 12 个大类内自行增加不超过 30 个品目的其他机具列入中央资金补贴范围。自选品目须向农业农村部备案，阐明补贴理由、每个品目涉及的生产厂家数量、产品型号、市场平均销售价格、补贴额等。

18 如何申请农机购置补贴?

农户申请农机购置补贴，须经过以下5个程序:

(1) 填写申请表格

用户需本人亲自到当地县（乡）级农机管理部门申请，填写“农机购置补贴申请表格”。

(2) 审查并公示

农机管理部门受理申请后经过县级审核、市级评审和审批，市、县公示7天，无异议后由县级农机主管部门签字、盖章，并把表格直接还给申请者本人。

(3) 购买农机具

用户在申请表有效期内凭申请表和本人身份证到经销点购买农机具，付给经销商扣除补贴金额后的款项。

(4) 登记入户、核发牌证

县农机管理部门要对用户提交的材料、补贴机具品种牌型和价格等进行核实。经核实无误的，喷涂标志，登记入户，用户领取牌证。

(5) 补贴金额结算

补贴结束，经销商与农机局核对数据无误后向省财政厅提交结算申请，批准后即可到省财政厅领取补贴款项。

19 农机的报废更新可以获得补贴吗？

2016 年，农业部、财政部继续在江苏等 17 个省、自治区、直辖市开展农机报废更新补贴试点工作，加快淘汰老旧农机。农机报废更新补贴与农机购置补贴相衔接，同步实施。报废补贴机具种类是已在农业机械安全监理机构登记并达到报废标准或超过报废年限的拖拉机和联合收割机。农机报废更新补贴标准按报废拖拉机、联合收割机的机型和类别确定。拖拉机根据马力段的不同，补贴额从 500 元到 1.1 万元不等，联合收割机根据喂入量（或收割行数）的不同，补贴额从 3 000 元到 1.8 万元不等。

20 我国提供农业保险保费补贴的品种有哪些？

中央财政实行农业保险保费补贴政策。纳入中央财政农业保险保费补贴范围的品种为玉米、水稻、小麦、棉花、马铃薯、油料作物、糖料作物、能繁母猪、奶牛、育肥猪、森林、青稞、牦牛、藏系羊和天然橡胶。按照农业保险“自主自愿”等原则，农民缴纳保费比例由各省自主确定，一般不超过20%，其余部分由各级财政按比例承担。

21 什么是农村土地承包经营权确权登记？

农村土地承包经营权确权登记是一种物权登记。由县级以上人民政府负责将农户承包土地的地块、面积、空间位置等信息及其变动情况据实记载于登记簿，颁发土地承包经营权证书，依法赋予农民对承包地的占有、使用、收益、流转及承包经营权抵押、担保权能，进一步明确农民对承包土地的各项权益。党的十八届三中全会《中共中央关于全面深化改革若干重大问题的决定》明确要求赋予农民更多的财产权利，土地承包经营权是最基本、最直接、最可靠的财产权利，通过按《中华人民共和国物权法》(以下简称《物权法》)要求确权登记颁证，能依法落实农村土地承包经营权的用益物权权能，为农民通过入股、抵押、担保和流转等形式增加财产性收入畅通渠道。

22 什么是新型农业经营主体?

新型农业经营主体是指具有相对较大的经营规模、较好的物质装备条件和经营管理能力，劳动生产、资源利用和土地产出率较高，以商品化生产为主要目标的农业经营组织。新型农业经营主体既包括农业产中环节的生产经营组织，也包括为在产中环节提供各种服务的经营组织。相对传统农业经营主体而言，新型农业经营主体的主要特征有：

(1) 规模上

新型农业经营主体是适度规模和专业化生产。传统农业经营主体大都局限于家庭，规模较小，而新型农业经营主体则具有较好的物质装备条件，生产技术水平高。

(2) 经营方式上

新型农业经营主体是集约化经营。传统家庭经营方式多停留在“靠天吃饭”的状态，而新型农业经营主体具有现代经营管理意识，能够实现对资源要素的集约利用，劳动生产率、土地产出率和资源利用率都比较高。

(3) 价值取向上

传统农业经营主体虽然也面向市场，但因生产经营能力很低，都是被动地受市场行情影响。而新型农业经营主体的市场化程度高，能主动按照市场需求安排农业生产活动，绝大部分的产品都要进入市场，能够和市场实现有效衔接，商品化率和经济效益明显高于传统农户。

（4）劳动素质上

尽管传统农业经营主体和新型农业经营主体都是农民，但前者整体素质相对较低，后者则更职业化。

23 什么是新型职业农民？

新型职业农民是指以农业为职业、具有一定的专业技能、收入主要来自农业的现代农业从业者。主要包括生产经营型、专业技能型和社会服务型职业农民。生产经营型职业农民，是指以农业为职业、占有一定的资源、具有一定的专业技能、有一定的资金投入能力、收入主要来自农业的农业劳动力，主要是专业大户、家庭农场主、农民专业合作社带头人等。专业技能型职业农民，是指在农民专业合作社、家庭农场、专业大户、农业企业等新型生产经营主体中较为

稳定地从事农业劳动作业，并以此为主要收入来源，具有一定专业技能的农业劳动力，主要是农业工人、农业雇员等。社会服务型职业农民，是指在社会化服务组织中或个体直接从事农业产前、产中、产后服务，并以此为主要收入来源，具有相应服务能力的农业社会化服务人员，主要是农村信息员、农村经纪人、农机服务人员、统防统治植保员、村级动物防疫员等农业社会化服务人员。

24 什么是新型职业农民培育工程？

2014 年农业部正式启动新型职业农民培育工程。2016 年中央财政安排 13.9 亿元农民培训经费，继续实施新型职业农民培育工程，在全国 8 个省、30 个市和 500 个示范县（含 100 个现代农业示范区）开展重点示

范培育，探索完善教育培训、规范管理、政策扶持“三位一体”的新型职业农民培育制度体系。实施新型农业经营主体带头人轮训计划，以专业大户、家庭农场主、农民合作社骨干、农业企业职业经理人为重点对象，强化教育培训，提升创业兴业能力。继续实施现代青年农场主培养计划，新增培育对象 1 万名。

25 如何申请参加新型职业农民培育?

新型职业农民培育以专业大户、家庭农场、农民专业合作社、农业企业、返乡涉农创业者等新型农业经营主体带头人为培育对象，按照主导产业摸底调研，掌握培育对象的产业规模、从业年限、技能水平、培训需求、政策要求等信息，建立个人档案，纳入培育对象库。原则上培育对象年龄不超过 60 周岁（有的省份不超过 55 岁)。按照政策规定，新型职业农民培育和认定的主要工作交由县级政府农业部门负责。报名的程序一般是：先在所在村组报名，村组把名单报乡镇审核，乡镇再把名单交县里新型职业农民领导小组审核、公示。

26 什么是妇女创业担保贷款政策?

2009 年，中华全国妇女联合会积极协调财政部、人力资源和社会保障部、中国人民银行，在原国家下岗失业人员小额担保贷款政策的基础上，共同下发了《关于完善小额担保贷款财政贴息政策　推动妇女创业就业工作的通知》（财金〔2009〕72 号），这是妇联组织推动国家政策层面首次明确将妇女作为政策受益的主体、财政部门给予全额贴息、金融部门实行市场化运作的一项具有突破性意义的创业扶持政策。2016年，为深入贯彻落实《国务院关于进一步做好新形势下就业创业工作的意见》（国发〔2015〕23 号）精神，进一步扩大就业、促进创业、改善民生，切实增强创业担保贷款政策的针对性和有效性，支持大众创业、万众创新，中国人民银行、财政部、人力资源和社会保障部联合下发《关于实施创业担保贷款支持创业就业工作的通知》（银发〔2016〕202 号），明确提出，自

2016年7月16日起，小额担保贷款政策调整为创业担保贷款政策。

27 哪些妇女属于创业担保贷款政策的扶持对象？

创业担保贷款对象范围在小额担保贷款对象范围基础上调整扩大为：城镇登记失业人员、就业困难人员（含残疾人）、复员转业退役军人、刑满释放人员、高校毕业生（含大学生村官和留学回国学生）、化解过剩产能企业职工和失业人员、返乡创业农民工、网络商户、

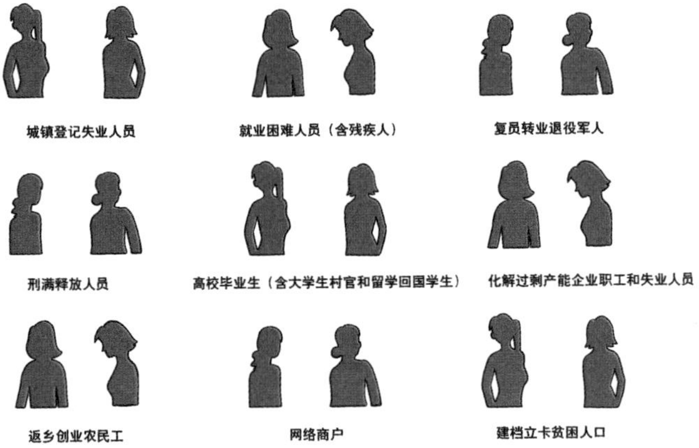

建档立卡贫困人口。对上述群体中的妇女，应纳入重点对象范围。

28 妇女申请创业担保贷款的最高额度和期限是如何规定的?

各经办金融机构对符合条件的个人发放的创业担保贷款最高额度为 10 万元。对符合条件的借款人合伙创业或组织起来共同创业的，贷款额度可适当提高。

面向个人发放的创业担保贷款期限由最高不超过两年调整为最高不超过 3 年；贷款经经办金融机构认可，可以展期 1 次，展期期限不超过 1 年，展期期限内贷款不贴息。

29 妇女办理创业担保贷款应如何申请?

创业担保贷款按照“借款人依规定申请、人力资源社会保障部门按规定审核借款人资格、担保基金运营管理机构按职责尽职调查、经办金融机构审核放贷、财政部门按规定贴息”的流程办理。同时鼓励经办金融机构通过营业柜台、手机客户端等多种渠道公示贷款办理程序和贷款申报材料要求。各地要充分利用个人和小微企业信用信息，鼓励担保机构降低反担保门槛或取消反担保。

30 农垦职工和农村贫困家庭危房改造的补贴标准是什么？

农垦危房改造于2008年先期在中央直属直供垦区启动实施，2011年实施范围扩大到全国农垦，以户籍在垦区且居住在垦区所辖区域内危房中的农垦职工家庭特别是低收入困难家庭为主要扶助对象。2011年，农业部、国家发展改革委、财政部、国土资源部、住房和城乡建设部印发了《关于做好农垦危房改造工作的意见》（农办垦〔2011〕2号），明确了改造原则、标准、实施程序、部门职责等政策内容。截至2015年年底，国家累计下达农垦危房改造任务203.74万户，安排农垦危房改造和配套基础设施建设中央投资191.06亿元。中央财政资金按照东、中、西部垦区每户分别补助6 500元、7 500元、9 000元，供暖、供水等配套基础设施建设每户补助1 200元。

31 农业转移人口落户城市的基本政策是什么?

国家鼓励各地区进一步放宽落户条件，除极少数超大城市外，允许农业转移人口在就业地落户，优先解决农村学生升学和参军进入城镇的人口、在城镇就业居住5年以上和举家迁徙的农业转移人口以及新生代农民工落户问题，全面放开对高校毕业生、技术工人、职业院校毕业生、留学归国人员的落户限制，加快制定公开透明的落户标准和切实可行的落户目标。除超大城市和特大城市外，其他城市不得采取要求购买房屋、投资纳税、积分制等方式设置落户限制。超大城市和特大城市

将区分主城区、郊区、新区等区域，分类制定落户政策，建立完善积分落户制度，重点解决符合条件的普通劳动者的落户问题。全面实行居住证制度，推进居住证制度覆盖全部未落户城镇常住人口。

32 农业转移人口子女在就学、升学方面可以享受哪些政策？

为贯彻《国务院关于进一步推进户籍制度改革的意见》，切实保证农业转移人口及其他常住人口随迁子女平等享有受教育的权利，教育部对切实保障随迁子女平等接受义务教育、建立健全农村留守儿童关爱服务体系做出部署。

(1) 加强分类指导

根据户籍制度改革总体要求，分类指导建制镇和小城市、中等城市、大城市、特大城市，合理确定随迁子女义务教育入学政策。

(2) 加大财政保障

努力扩大基本公共服务覆盖面，将随迁子女义务教育纳入各级政府教育发展规划和财政保障范畴。

(3) 规范支持民办学校

在有需要的地方，可通过购买公共服务，让民办学校承担一部分随迁子女教育任务。对专门的民办随迁子女学校，在师资培训、教育教学研究、学生学籍管理等方面给予支持，提高其办学质量，规范其办学行为。

（4）落实异地升学

督促各地进一步完善和落实好符合条件的随迁子女接受义务教育后在输入地参加中考、高考的政策。对于不符合输入地报考条件的随迁子女，输入地和输出地要加强工作协调配合，保障考生在输出地顺利参加升学考试和录取。

农村土地问题

33 出嫁女是否有权参与原所在村集体经济组织的土地补偿款分配?

案例描述

小红为周家庄村村民，2013 年出嫁到邻村。但户籍未迁出，本人在嫁入的村集体经济组织没有承包地，也没有享受嫁入村集体经济组织的收益分配。2015 年，因为高铁建设，周家庄村部分土地被征收，村委会认为小红无权参加土地补偿款分配，理由是小红已经出嫁。

◆问题 小红是否有权参与原所在村集体经济组织的土地补偿款分配?

◆解析 出嫁女是否有权参与原所在村集体经济组织的土地补偿款分配，需要根据具体情况确定。

出嫁女已经嫁出本村集体经济组织，其户籍尚未迁出的，如果在嫁入的村集体经济组织已经承包了土地，或者已经参与了嫁入村集体经济组织其他收益的分配，就不能参与原所在村集体经济组织的土地补偿款分配。如果允许其参与原所在村集体经济组织的土地补偿款分配，会导致其获得双重收益，有违公平原则。

如果出嫁女虽已经嫁出本村集体经济组织，但户籍尚未迁出，且在嫁入的村集体经济组织没有承包土地，也未享受嫁入的村集体经济组织收益的分配，则可以认定其仍然是原集体经济组织的成员，应享有与原集体经济组织成员同等的待遇。这种情况下，户籍所在的村集体经济组织不能剥夺出嫁女参与分配土地补偿款的权利。

本案中，小红在嫁入的村集体经济组织没有承包地，也不享受嫁入村集体经济组织收益的分配。因此，可以认定其为周家庄村成员，有权参与村集体经济组织的土地补偿款分配。

34 离婚时，妇女能否要求分割土地承包经营权？

案例描述

小红的老公常年外出打工，和工友小霞在工厂同居。小红知道后到法院起诉离婚，并要求分割承包地。小红的老公认为户主是自己，地也是本村的地，小红不是本村人，坚决不同意分割承包地。

◆问题　小红能否分割土地承包经营权？

◆解析　《中华人民共和国婚姻法》（以下简称《婚姻法》）第三十九条规定：离婚时，夫妻的共同财产由双方协议处理；协议不成时，由人民法院根据财产的具体情况，根据照顾子女和女方权益的原则判决。夫或妻在家庭土地承包经营中享有的权益等，应当依法予以保护。《最高人民法院关于审理农业承包合同纠纷案件若干问题的规定（试行）》第三十四条规定：承包方是夫妻的，在承包合同履行期间解除婚姻关系时，就其承包经营的权利义务未达成协议，且双方均具有承包经营主体资格的，人民法院在处理其离婚案件时，应当按照家庭人口、老人的赡养、未成年子女的抚养等具体情况，对其承包经营权进行分割。

因此，小红离婚时可以要求分割土地承包经营权。

35 村委会有权指定承包地种植农作物的种类吗？

案例描述

2014年，大蒜市场行情很好，陈庄村村委会要求本村村民全部种植大蒜。村民小红认为村委会没有权利要求自己这么做。

◆问题 村委会有权指定承包地种植农作物的种类吗？

◆解析 《中华人民共和国农村土地承包法》(以下简称《农村土地承包法》)对土地承包方的生产经营自主权有明确的规定。第十四条规定:发包方有尊重承包方的生产经营自主权，不得干涉承包方依法进行正常的生产经营活动的义务。第十六条规定:承包方依法享有承包地使用、收益和土地承包经营权流转的权利，有权自主组织生产经营和处置产品。

因此，土地承包经营权人小红有权自主决定承包地种植农作物的种类，村委会作为发包方无权指定承包方种植农作物的种类。

36 承包期限内村委会可否收回承包地?

案例描述

小红和村委会签订了30年的土地承包合同。第20年的时候，村委会以发展集体经济为名要求收回承包地。小红坚持认为自己和村委会签订的土地承包合同还没有到期，村委会无权收回。

◆问题 在土地承包期限内村委会可以收回承包地吗?

◆解析 《农村土地承包法》对于农村集体经济组织变更、解除土地承包合同及收回承包地有明确规定。第二十四条规定:承包合同生效后，发包方不得因承办人或者负责人的变动而变更或者解除，也不得因集体经济组织的分立或者合并而变更或者解除。第二十六条规定：承包期内，发包方不得收回承包地。

因此，在承包期限内村委会作为发包方不能随意变更、解除承包合同，也不能随意收回小红的承包地。

37 承包期限内村委会是否有权调整承包地？

案例描述

2015年，周家庄村村委会以近5年来新增人口较多为由，要对尚在承包期内的村承包地进行调整，但是村民小红认为村委会不能随意调整承包地。

◆ 问题　村委会有权调整承包地吗?

◆ 解析　《农村土地承包法》对发包方调整承包地的原因、程序和用于调整的土地类型有明确规定。第二十七条规定：承包期内，发包方不得调整承包地。承包期内，因自然灾害严重毁损承包地等特殊情形对个别农户之间承包的耕地和草地需要适当调整的，必须经本集体经济组织成员的村民会议 2/3 以上成员或者 2/3 以上村民代表的同意，并报乡（镇）人民政府和县级人民政府农业等行政主管部门批准。承包合同中约定不得调整的，按照其约定。

因此，在承包期内周家庄村村委会无权以新增人口较多为由调整承包地，小红的观点是正确的。

那么，在承包期内怎么解决新增人口承包土地的问

题呢?《农村土地承包法》第二十八条明确规定了应当用于调整承包土地或者承包给新增人口的土地类型:①集体经济组织依法预留的机动地;②通过依法开垦等方式增加的;③承包方依法、自愿交回的。村委会可以将上述三类土地发包给新增的人口。

38 全家迁入小城镇落户，承包地会被收回吗?

案例描述

周家庄村村民小红因在明月镇上购置了楼房，全家落户到明月镇，但是小红想要继续耕种原来在周家庄村承包的土地。

◆**问题**　小红全家落户到镇上后，原来的承包地会被发包方收回吗?

◆**解析**　《农村土地承包法》第二十六条规定:承包期内，发包方不得收回承包地。承包期内，承包方全家迁入小城镇落户的，应当按照承包方的意愿，保留其土地承包经营权或者允许其依法进行土地承包经营权流转。

因此，按照法律规定，尽管小红全家落户小城镇，但是在承包期内应当按照小红的意愿，保留其土地承包经营权或者允许其依法进行土地承包经营权流转。

本案中，若小红全家迁入设区的市，转为非农业户口的，应当将承包的耕地和草地交回发包方。承包方不交回的，发包方可以收回承包的耕地和草地。承包期内，承包方交回承包地或者发包方依法收回承包地时，承包方对其在承包地上投入而提高土地生产能力的，有权获得相应的补偿。

39 外出务工，家里的承包地如何流转？

案例描述

小红全家外出务工，想要把承包的5亩地流转给其他人耕种，但是小红并不清楚该如何流转承包地。

◆问题　外出务工，家里的承包地该如何流转？

◆解析　《农村土地承包法》对承包方流转承包地的方式、原则有明确规定。第三十二条规定：通过家庭承包取得的土地承包经营权可以依法采取转包、出租、互换、转让或者其他方式流转。

因此，小红可以按照法律准许的转包、出租、互换、转让等方式流转承包地。尽管法律规定了灵活的流转方式，但是土地承包经营权人在流转承包地时仍要注意以下原则：不得改变土地所有权的性质和土地的农业用途；流转的期限不得超过承包期的剩余期限；受让方须有农业经营能力；在同等条件下，本集体经济组织成员享有优先权。小红想要流转承包地，必须遵守上述法律规定。

40 村民承包地的流转费，村委会有权截留吗?

案例描述

周家庄村 30 户村民将自己承包的 100 亩土地按每亩 800 元的价格流转给了邻村的种粮大户。在支付流转费时，村委会要求这 30 户村民从流转费中抽出 10%交给村委会，作为村委会的管理费。

◆ 问题　村委会有权截留村民的土地流转费吗?

◆ 解析　村民的土地承包经营权流转费是村民的合法私有财产，村委会无权截留。《农村土地承包法》第

三十六条规定：土地承包经营权流转的转包费、租金、转让费等，应当由当事人双方协商确定。流转的收益归承包方所有，任何组织和个人不得擅自截留、扣缴。

因此，村委会无权擅自截留村民的土地承包经营权流转费。

农业生产经营问题

41 怎样申请设立农民专业合作社?

案例描述

小红是村里的种粮大户，想要组织同村几个农民成立一个农民专业合作社。

◆ 问题　小红该怎样申请设立农民专业合作社?

◆ 解析　《中华人民共和国农民专业合作社法》(以下简称《农民专业合作社法》)对设立农民专业合作社的条件、程序都有规定。第十条规定，设立合作社，应当具备下列条件：有5名以上符合法律规定的成员；有符合本法规定的章程；有符合本法规定的组织机构；有符合法律、行政法规规定的名称和章程确定的住所；有符合章程规定的成员出资。第十四条、第十五条规定，农民专业合作社的成员中，农民至少应当占成员总数的80%，而且应当具备民事行为能力。

除具备符合法律规定的条件外，还需要向工商行政管理部门申请设立登记合作社，同时提交下列材料：登记申请书；全体设立人签名、盖章的设立大会纪要；全体设立人签名、盖章的章程；法定代表人、理事的任职文件及身份证明；出资成员签名、盖章的出资清单；住所使用证明；法律、行政法规规定的其他文件。

因此，小红想要和同村村民成立农民专业合作社，不仅需要具备法律规定的成员、章程、机构、名称、住所等条件，还必须向工商行政管理部门提交设立登记申请并准备相应材料。

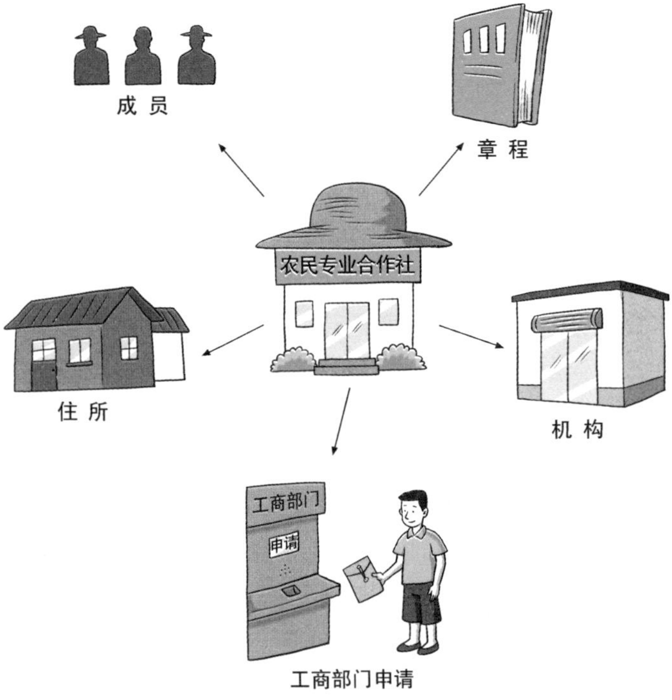

42 在合作社中拥有的股份少，有没有表达意愿的权利？

案例描述

天水蔬菜种植专业合作社的某次成员大会，有一项修改章程的决议需要成员投票表决，部分成员认为既然是按照少数服从多数的原则，那么股份少的合作社成员投票也不会对结果产生影响，索性就不让他们参与投票了。

◆问题　在合作社中拥有的股份少，有没有表达意愿的权利？

◆解析　农民专业合作社是在农村家庭承包经营基础上，同类农产品的生产经营者或者同类农业生产经营服务的提供者、利用者，自愿联合、民主管理的互助性经济组织。基于专业合作社民主管理的性质，合作社成员无论在合作社中占多少股份，均有表达意愿的权利。《农民专业合作社法》第十七条规定：农民专业合作社成员大会选举和表决，实行一人一票制，成员各享有一票的基本表决权。“基本表决权”是指合作社的每一成员无论出资多少，其对合作社的任何决议均被平等地赋予一个基本表决权。可见，合作社成员的基本表决权并不是由其在合作社中所占股份的多少决定的。

因此，并不是说合作社中的小股东就没有投票的权利和必要。

43 若合作社经营不善，是否能用成员的财产偿还债务?

案例描述

天水蔬菜种植专业合作社因为经营不善欠下50万元债务，债主李某到合作社讨要欠款。看到合作社确实没有钱可以偿还，李某提出既然合作社没钱，那么就该让合作社的成员来还钱。

◆问题　是否该由合作社成员偿还合作社欠下的债务?

◆解析　《农民专业合作社法》第五条规定：农民

专业合作社成员以其账户内记载的出资额和公积金份额为限对农民专业合作社承担责任。可见，合作社成员对合作社的债务承担有限责任。所谓有限责任是指农民专业合作社成员以其账户内记载的出资额和公积金份额为限对农民专业合作社承担责任。也就是说，在偿还合作社债务时，即使成员账户内记载的出资额和公积金份额不足以偿还合作社全部债务，债权人也不能要求合作社成员以私人财产偿还债务。

44 合作社理事长是怎么产生的?

案例描述

周家庄村 20 户村民成立了天水蔬菜种植专业合作社，现在要选出一名理事长。村民甲认为谁在合作社中的股份最多，谁就应当是理事长；村民乙认为应该少数服从多数，由成员投票选出理事长。

◆问题　该合作社应该怎样选出理事长?

◆解析　依据《农民专业合作社法》第二十二条规定：农民专业合作社成员大会由全体成员组成，是本社的权力机构，行使选举和罢免理事长的职权。因此，理事长应由成员大会选举产生。第二十三条规定：农民专业合作社召开成员大会，出席人数应当达到成员总数

2/3 以上。成员大会选举或者做出决议，应当由本社成员表决权总数过半数通过。合作社成员的表决权分为“基本表决权”和“附加表决权”。“基本表决权”是指合作社的每一成员无论出资多少，其对合作社的任何决议均被平等地赋予一次投票的机会；“附加表决权”是指按照合作社章程的规定，出资额或者与本社交易量（额）较大的成员可以享有基本表决权以外的投票权，但是附加表决权的总票数不得超过本社成员基本表决权总票数的 20%。

天水蔬菜种植专业合作社要选出一名理事长，必须召开成员大会，出席人数要达到人员总数的 2/3 以上，

并且要分别计算基本表决权和附加表决权票数，选出的合作社理事长获得的投票数要超过基本表决权和附加表决权总票数的1/2。

45 合作社成员可以自由退出合作社吗？

案例描述

小红加入了本村的天水蔬菜种植专业合作社。一年后，小红想要退社，但是其他成员不同意。

◆问题　小红可以退社吗？

◆解析　《农民专业合作社法》第三条规定了“入社自愿、退社自由”的原则，小红有自由退社的权利。同时，第十九条明确规定：农民专业合作社成员要求退社的，应当在财务年度终了的3个月前向理事长或者理事会提出；其中，企业、事业单位或者社会团体成员退社，应当在财务年度终了的6个月前提出；章程另有规定的，从其规定。退社成员的成员资格自财务年度终了时终止。

因此，本案中小红在参加合作社后有退社的自由，只需要在财务年度终了的3个月前向理事长或者理事会提出即可。

46 理事长有权修改合作社章程吗?

案例描述

天水蔬菜种植专业合作社想要对合作社章程进行修改，理事长认为自己有权修改章程，但是部分成员认为修改合作社章程应该由合作社成员共同商议决定，不能由理事长一个人说了算。

◆ 问题　*理事长有权修改合作社章程吗?*

◆ 解析　合作社章程由合作社成员大会修改，理事长无权修改。

《农民专业合作社法》第二十二条规定：修改合作社章程的职权由成员大会行使，因此，理事长无权修改章程。合作社理事长按照该法第二十八条和第三十三条行使职权。第二十八条规定：农民专业合作社的理事长或者理事会可以按照成员大会的决定聘任经理和财务会计人员，理事长或者理事可以兼任经理。第三十三条规定：农民专业合作社的理事长或者理事会应当按照章程规定，组织编制年度业务报告、盈余分配方案、亏损处理方案以及财务会计报告，于成员大会召开的15日前，置备于办公地点，供成员查阅。

可见，理事长的职权限于第二十八条和第三十三条的规定，无权修改合作社章程。修改合作社章程的职权应由成员大会行使。

47 合作社的财务会计人员是由理事长指定的吗？

案例描述

李丁是绿地蔬菜种植专业合作社的理事长。现在合作社要招聘一名会计，恰巧李丁的妹妹刚刚大学毕业，学的也是会计专业，于是李丁将妹妹安排到合作社担任会计一职。

◆ 问题　理事长有权指定合作社的财务会计人员吗？

◆**解析** 关于合作社聘任财务会计人员，《农民专业合作社法》第二十八条规定：农民专业合作社的理事长或者理事会可以按照成员大会的决定聘任经理和财务会计人员，理事长或者理事可以兼任经理。经理按照章程规定或者理事会的决定，可以聘任其他人员。可见，聘任财务会计人员的决定是由成员大会做出的，理事长只是扮演了“传声筒”的角色，将这一决定对外宣布而已。

因此，合作社理事长无权直接为合作社确定财务会计人员。

48 合作社成员大会可以解决哪些问题？

案例描述

周家庄村在今年年初成立了天水蔬菜种植专业合作社，但是部分合作社成员对合作社成员大会的职能并不是很了解，也不清楚成员大会可以解决哪些问题，纷纷向理事长询问。

◆ 问题　**合作社成员大会行使哪些职能，解决什么问题？**

◆ 解析　《农民专业合作社法》对合作社成员大会的职能有明确规定。第二十二条规定，农民专业合作社成员大会由全体成员组成，是本社的权力机构，行使下列职权：①修改章程；②选举和罢免理事长、理事、执行监事或者监事会成员；③决定重大财产处置、对外投资、对外担保和生产经营活动中的其他重大事项；④批准年度业务报告、盈余分配方案、亏损处理方案；⑤对合并、分立、解散、清算做出决议；⑥决定聘用经营管理人员和专业技术人员的数量、资格和任期；⑦听取理事长或者理事会关于成员变动情况的报告；⑧章程规定的其他职权。

49 合作社成员有权查阅合作社账目吗？

案例描述

小红参加了本村的天水蔬菜种植专业合作社，在年度分红时小红认为分红与合作社实际运营情况不符，提出查阅合作社账目。但是合作社理事长认为合作社账目属于合作社经营机密，拒绝让其查阅。

◆问题 合作社成员有权查阅合作社账目吗？

◆解析 《农民专业合作社法》明确规定了合作社成员的权利。第十六条第四项规定：合作社成员有查阅本社的章程、成员名册、成员大会或者成员代表大会记录、理事会会议决议、监事会会议决议、财务会计报告和会计账簿的权利。此外，合作社成员还享有第十六条规定的其他权利：①参加成员大会，并享有表决权、选举权和被选举权，按照章程规定对本社实行民主管理；②利用本社提供的服务和生产经营设施；③按照章程规定或者成员大会决议分享盈余；④查阅本社的章程、成员名册、成员大会或者成员代表大会记录、理事会会议决议、监事会会议决议、财务会计报告和会计账簿。

因此，查阅合作社账目属于合作社成员的法定权利。小红作为天水蔬菜种植专业合作社成员有权要求查阅该合作社账目。

50 合作社在合并之前所欠下的债务应由谁承担？

案例描述

为了长远发展需要，周家庄村的天水蔬菜种植专业合作社和绿地蔬菜种植专业合作社在经过成员大会决议后决定合并成立天地蔬菜种植专业合作社。合并之前绿地蔬菜种植专业合作社由于经营不善，欠华元食品加工厂30万元。

◆问题　在合作社合并之后，华元食品加工厂应找谁偿还 30 万元欠款？

◆解析　对于合作社合并问题，《农民专业合作社法》有明确规定。第三十九条规定：农民专业合作社合并，应当自合并决议做出之日起 10 日内通知债权人。合并各方的债权、债务应当由合并后存续或者新设的组织承继。

本案中，天水和绿地蔬菜种植专业合作社在做出合并决议之日起 10 日内应通知华元食品加工厂。合并之前绿地蔬菜种植专业合作社欠华元食品加工厂的 30 万元，依法应由合并后的天地蔬菜种植专业合作社偿还。

51 合作社分立后的债务如何处理？

案例描述

天地蔬菜种植专业合作社在成员大会上通过分立为天水蔬菜种植专业合作社和绿地蔬菜种植专业合作社的决议，但是在此之前天地蔬菜种植专业合作社曾经欠下10万元借款，在合作社分立之后债主分别找到天水合作社和绿地合作社的理事长，二人均称不应由自己的合作社承担这笔欠款。

◆问题　合作社分立后原来的债务如何处理？

◆解析　《农民专业合作社法》对合作社分立后债务如何承担有明确规定。第四十条规定：农民专业合作社分立，其财产作相应的分割，并应当自分立决议做出之日起10日内通知债权人。分立前的债务由分立后的组织承担连带责任。但是，在分立前与债权人就债务清偿达成的书面协议另有约定的除外。

因此，假如天地蔬菜种植专业合作社在分立之前和债权人达成书面清偿协议，约定由天水或绿地蔬菜种植专业合作社清偿的，则按照清偿协议执行。如果没有前述约定，则由天水和绿地蔬菜种植专业合作社对分立前的债务承担连带清偿责任，即债权人既有权找天水合作社也可以找绿地合作社要求偿还欠款。

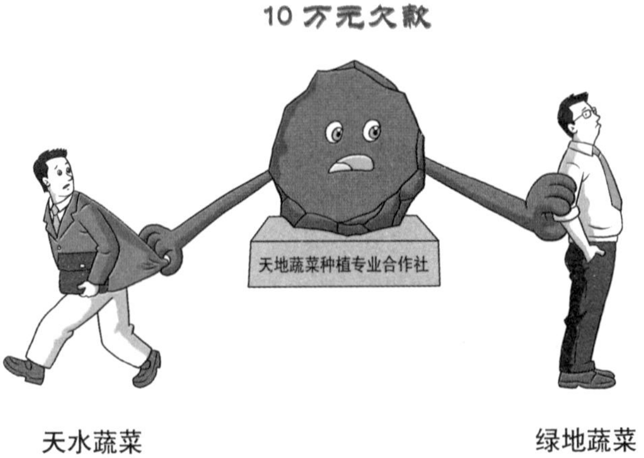

52 什么情况下可以解散合作社?

案例描述

周家庄村天水蔬菜种植专业合作社在成立10年后，由于经营状况不好，其成员打算解散合作社，但是成员对是否可以解散合作社存在争议。

◆ 问题　*在什么情况下可以解散合作社?*

◆ 解析　《农民专业合作社法》第四十一条对解散合作社的情形有明确规定。农民专业合作社因下列原因解散：①章程规定的解散事由出现；②成员大会决议解散；③因合并或者分立需要解散；④依法被吊销营业执照或者被撤销。

因此，本案中天水蔬菜种植专业合作社成员想要解散合作社，可以召开成员大会决议解散。

53 合作社解散之前财产如何清算？

案例描述

天水蔬菜种植专业合作社的成员大会通过了解散合作社的决议，但是成员就合作社财产如何进行清算、清算程序如何启动犯了难，大家都不清楚怎样进行解散清算。

◆问题　合作社解散之前财产如何清算？

◆解析　《农民专业合作社法》对合作社解散的原因、清算组如何清算财产有明确的规定。天水蔬菜种植专业合作社通过成员大会做出解散合作社的决议符合该法第四十一条解散合作社的原因规定。同时规定：因成员大会决议解散的，应当在解散事由出现之日起 15 日内由成员大会推举成员组成清算组，开始解散清算。逾期不能组成清算组的，成员、债权人可以向人民法院申请指定成员组成清算组进行清算，人民法院应当受理该申请，并及时指定成员组成清算组进行清算。

第四十二条规定了清算组的职能。清算组自成立之日起接管农民专业合作社，负责处理与清算有关未了结业务，清理财产和债权、债务，分配清偿债务后的剩余财产，代表农民专业合作社参与诉讼、仲裁或者其他法律程序，并在清算结束时办理注销登记。

因此，本案中天水蔬菜种植专业合作社在成员大会通过解散合作社的决议后，应当在 15 日内由成员大会推举成员组成清算组，由清算组接管农民专业合作社，负责处理与清算有关的未了结业务，清理财产和债权、债务等解散清算工作。

54 农产品地理标志能否自行印制使用?

案例描述

河北的小红承包了一片梨园，恰巧赶上梨的市场不景气。小红听说北京门头沟的京白梨销路很好，于是在网上购买了京白梨的包装和农产品地理标志，用于自己种植的梨。果然，小红的梨很快就卖完了。

◆问题 小红的做法合法吗?

◆解析 我国《农产品地理标志管理办法》第二条第二款规定：农产品地理标志，是指标示农产品来源于特定地域，产品品质和相关特征主要取决于自然生态环境和历史人文因素，并以地域名称冠名的特有农产品标志。京白梨是通过国家质量监督检验检疫总局批准受地理标志保护的农产品，其产地范围为北京市门头沟区军庄镇、妙峰山镇、王平镇、潭柘寺镇 4 个镇所辖行政区域。

显然河北的果园所产的梨不能使用京白梨的地理标志。

因此，小红私自在自己的产品上使用京白梨的包装和标志，属于假冒伪劣行为，应该受到法律的制裁。

55 怎样订立交易合同?

案例描述

小红是村里的种粮大户，华元食品加工厂找到小红，表示要购买小红种植的 1 吨小麦。小红欣喜之余，突然想到普法栏目说过在交易时尽量要签订合同，以保护自己的利益，小红也想和食品厂签订一份合同。

◆ **问题**　小红应该在合同中约定哪些主要条款?

◆ **解析**　订立合同应该遵守《中华人民共和国合同

法》(以下简称《合同法》) 规定的以下原则：平等原则、自由原则、公平原则、诚实信用原则、合法与公序良俗原则。小红和华元食品加工厂签订合同应遵循以上原则。《合同法》第十条规定：当事人订立合同，有书面形式、口头形式和其他形式。法律、行政法规规定采用书面形式的，应当采用书面形式。当事人约定采用书面形式的，应当采用书面形式。可见，小红和食品厂的合同可以用书面形式也可以用口头形式。为了在日后发生纠纷时更容易依合同解决，建议小红采用书面形式。

关于合同的条款与内容，规定于《合同法》第十二条中。一般包括以下条款：当事人的名称或者姓名和住所，标的，数量，质量，价款或者报酬，履行期限、地点和方式，违约责任，争议解决方式。小红可以和华元食品加工厂约定合同的内容，应该包含：①合同双方的名称、姓名；②小麦的数量、价款以及质量；③何时将小麦交付给加工厂、如何交付；④违约责任如何承担；⑤因合同发生争议后，采取何种途径解决等内容。

56 承诺期限届满，受要约人做出的承诺还有效吗？

案例描述

华元食品加工厂打算采购一批小麦，给周家庄村的小红发来一份电报，表示愿意以每千克 2 元的价格购买小红的小麦 500 千克，请小红在 7 月 12 日之前回复。小红在 7 月 10 日收到该电报，因为家中琐事在 7 月 15 日才想起华元食品加工厂的电报，于是直接将 500 千克小麦送到了食品厂。食品厂表示厂里已经从他处采购了小麦，不再需要小红的小麦了。

◆ 问题　**华元食品加工厂拒绝小红的做法合理吗？**

◆ 解析　合同成立需要有双方当事人的要约和承诺。要约是想要和对方订立合同的意思表示，承诺是受要约人同意要约的意思表示。华元食品加工厂发给小红电报的行为属于要约，在电报中食品加工厂明确表示小红需要在 7 月 12 日之前回复，为小红的承诺设定了期限。《合同法》第二十条第三项规定：承诺期限届满，受要约人未做出承诺的，要约失效。也就是

说，小红没有在7月12日之前回复食品厂，没有做出承诺，导致食品厂发出的要约失效，他们之间的合同无法成立。

本案中小红将小麦直接送到食品厂的行为是新的要约，食品加工厂作为受要约人有权拒绝小红的要约，不与之订立合同。因此食品加工厂拒绝小红的做法合理。

57 网络销售农产品，购买者可以主张“7天之内无理由退货”吗？

案例描述

小红在某电商平台开了一个网店，销售自己种的荔枝。一位顾客在网上买了一箱荔枝，收到荔枝后第三天向小红主张退货。小红认为等荔枝再退回来都已经变质了，自己无法再卖给其他人，拒绝对方退货。

◆问题　网购农产品可以主张“7天之内无理由退货”吗？

◆解析　《中华人民共和国消费者权益保护法》（以下简称《消费者权益保护法》）在2013年修改时增加了“7天之内无理由退货”的条款，但并不是所有采用网络、电视、电话、邮购等方式购买的商品都可以在7天之内无理由退货的。该法第二十五条规定：经营者采用网络、电视、电话、邮购等方式销售商品，消费者有权自收到商品之日起 7 日内退货，且无需说明理由，但下列商品除外：①消费者定做的；②鲜活易腐的；③在线下载或者消费者拆封的音像制品、计算机软件等数字化商品；④交付的报纸、期刊。

本案中荔枝属于鲜活易腐的农产品，因此购买者不能向小红主张“7 天之内无理由退货”。

58 买卖中标的物的毁损、灭失风险如何转移？

案例描述

李奶奶将自己的牛卖给了小红，因为小红手头不富裕，只能先付一半钱。小红提出牛现在就牵走，但是牛钱先付一半，剩下的钱半年之内还清。李奶奶答应，但是提出欠款付清之前牛还属于自己所有。小红同意。一个月后，牛在山上吃草时走丢了，经多方寻找没有找回。

◆ 问题　**小红是否需要向李奶奶付剩余的买牛钱？**

◆ 解析　《合同法》对标的物的风险转移有明确规定。第一百四十二条规定：标的物毁损、灭失的风险，在标的物交付之前由出卖人承担，交付之后由买受人承担，但法律另有规定或者当事人另有约定的除外。本案中，尽管约定在付清买牛款前牛的所有权属于李奶奶，但是李奶奶和小红对于牛的风险没有约定，因此在牛交付给小红之后，牛毁损、灭失的风险就应该由小红承担。

因此，本案中牛已经交付给小红，小红应当承担牛丢失的风险，仍然需要向李奶奶支付剩余的那一半买牛钱。

59 买到假种子怎么办？

案例描述

小红在镇上的种子公司花 50 元购买了京育 5

号黄瓜种子。播种后，小红发现长出的秧苗瘦弱且长势缓慢。眼见别人家种的黄瓜都要上市了，自己的黄瓜迟迟不开花，小红意识到可能是买了假种子，于是请县农业局的专家进行鉴定。鉴定结果显示，小红果然买到的是伪劣的瓜种。按照当年的市场行情计算，正常产量的黄瓜，小红可以卖到15 000元。

◆问题 小红可以要求种子公司赔偿自己的损失吗?

◆解析 首先要明确小红购买种子的行为是消费行为，属《消费者权益保护法》调整的范围。该法第六十二条规定：农民购买、使用直接用于农业生产的生产资料，参照本法执行。因此，小红可以按照《消费者权益保护法》维护自己的权益。该法第五十二条规定：经营者提供商品或者服务，造成消费者财产损害的，应当依照法律规定或者当事人约定承担修理、重做、更换、退货、补足商品数量、退还货款和服务费用或者赔偿损失等民事责任。因此，小红可以要求种子公司承担因购买假种子导致自己预期收益受损的责任。

此外，种子公司卖假种子属于欺诈行为。按《消费者权益保护法》第五十五条规定：经营者提供商品或者服务有欺诈行为的，应当按照消费者的要求增加赔偿其受到的损失，增加赔偿的金额为消费者购买商品的价款或者接受服务的费用的3倍；增加赔偿的金额不足 500 元的，为 500 元；法律另有规定的，依照其规定。因此，小红可以向种子公司主张共计 15 500 元的赔偿。

婚姻、继承问题

60 表兄妹可以结婚吗？

案例描述

小红和舅舅家的表哥同龄。初中毕业后二人在外地打工，逐渐相爱，两人和家人商量早点结婚，双方父母说这是好事，亲上加亲。

◆问题　*双方父母的想法对吗？*

◆解析　表兄妹可以结婚的观点是不正确的。根据《婚姻法》第七条第一项规定，直系血亲和三代以内的旁系血亲是属于禁止结婚的情形。直系血亲指有直接血缘联系的上下各代的亲属；旁系血亲相对于直系血亲的

概念，是指与自己有着间接血缘联系的血亲。我国现行《婚姻法》是以血亲之间的世代来计算亲属远近关系的，即一辈为一代。在直系血亲中，以己身为一代，然后上下数，父母子女为二代，祖父辈、孙子辈为三代。

在旁系血亲中，根据旁系血亲之间的同源关系，同源于父母的兄弟姐妹为二代旁系血亲；同源于祖父母、外祖父母的堂兄妹、表兄妹、伯叔姑、姨舅、侄子女、甥为三代旁系血亲。

本案中小红和舅舅家的表哥是三代以内旁系血亲，因此依法不可以结婚。

61 婚约解除后有权要求对方返还彩礼吗？

案例描述

小红和小东经人介绍认识。两人恋爱两年后，小东家给了小红 3 万元作为彩礼。但是小红一直拖着不肯结婚，小东认为自己年纪不小了，不能这么耗下去了，于是提出结束恋爱关系，并要求返还 3 万元彩礼钱。

◆问题 小东的要求应该被支持吗？

◆解析 小东返还彩礼的要求应该被支持。我国《最高人民法院关于适用〈中华人民共和国婚姻法〉若干问题的解释（二）》（以下简称《婚姻法司法解释二》）

第十条规定，双方未办理结婚登记手续的，当事人请求返还按照习俗给付的彩礼的，人民法院应当支持。小东在双方结婚的前提下给付彩礼，现在双方未办理结婚登记手续，小东有权请求小红返还此彩礼钱。

62 什么是重婚?

案例描述

小红和小东是同村村民，均达到法定结婚年龄。两人于 1989 年 1 月举行了结婚仪式并宴请了亲朋好友，但是没有办理结婚登记手续，此后两人以夫妻名义生活。2000 年，外出打工的小东结识了工友小霞，并与小霞办理了结婚登记。

◆问题　小东是否属于重婚？

◆解析　小东有没有构成重婚首先要分析小东和小红的婚姻是否具有法律效力。按照《最高人民法院关于适用〈中华人民共和国婚姻法〉若干问题的解释（一）》第五条规定，1994 年 2 月 1 日民政部《婚姻登记管理条例》公布实施以前，男女双方符合结婚实质要件的，按事实婚姻处理。小红和小东在 1989 年 1 月举行了结婚仪式并以夫妻名义生活，尽管没有办理结婚登记手续，但是属于前述规定的事实婚姻。

我国《婚姻法》所指的重婚有两种形式：一是法律上的重婚，即有配偶者又与他人登记结婚；二是事实上的重婚，即有配偶者虽然没有与他人登记结婚，但与他人以夫妻名义同居生活。本案中小东在和小红有事实婚姻的前提下又与小霞办理了结婚登记手续，已经构成了重婚。

63 女方分娩后1年内男方可以提出离婚吗?

案例描述

小红与小东结婚并于 2015 年 12 月生下一个女孩。2016 年 3 月，丈夫小东以夫妻感情不和为由向法院提出离婚。

◆问题　*在妻子分娩后 1 年内，丈夫可以提出离婚吗?*

◆解析　我国相关法律都体现了保护妇女儿童合法权益的原则。《婚姻法》第三十四条规定：女方在怀孕期间、分娩后 1 年内或中止妊娠后 6 个月内，男方不得提出离婚。女方提出离婚的，或人民法院认为确有必要受理男方离婚请求的，不在此限。

本案中，小红分娩后不满 1 年，小东不能提出离婚。

64 离婚后，能否要求增加孩子的抚养费？

案例描述

2000 年小红和小东被法院判决离婚，他们的女儿甜甜由小红抚养，小东每月支付抚养费 500 元。2005 年，甜甜被查出患有心脏病，每个月要花去一笔固定的药费。于是小红找到小东商量增加甜甜的抚养费，被小东拒绝。小东认为法院判决自己每个月支付 500 元的抚养费，小红就不能要求自己增加抚养费。

◆ **问题**　*离婚后，孩子的抚养费可以增加吗？*

◆ **解析**　我国《婚姻法》对离婚后抚养子女一方要求增加子女抚养费有明确规定。第三十七条第二款规定：关于子女生活费和教育费的协议或判决，不妨碍子女在必要时向父母任何一方提出超过协议或判决原定数额的合理要求。因此，抚养孩子的一方在必要时可以向对方主张增加抚养费。《最高人民法院关于人民法院审理离婚案件处理子女抚养问题的若干具体问题》第十八条规定：子女要求增加抚养费，有下列情形之一，父或母有给付能力的，应予支持：①原定抚育费、教育费数额不足以维持当地实际生活水平的；②因子女患病、上学，实际需要已超过原定数额的；③有其他正当理由应当增加的。

因此，在甜甜患病后，因治疗需要小红可以要求小东增加抚养费。

65 离婚时夫妻共同财产如何认定？

案例描述

小红和小东结婚 5 年，因感情不和起诉到法院要求离婚。在法院审理中，双方对于小东在结婚后继承母亲的遗产 2 万元是否为夫妻共同财产有较大争议。

◆问题 夫妻共同财产的范围是什么?

◆解析 我国《婚姻法》和《婚姻法司法解释二》对夫妻共同财产有明确规定。《婚姻法》第十七条第一款规定：夫妻在婚姻关系存续期间所得的下列财产，归夫妻共同所有：①工资、奖金；②生产、经营的收益；③知识产权的收益；④继承或赠与所得的财产，但本法第十八条第三项规定的除外；⑤其他应当归共同所有的财产。《婚姻法》第十八条第三项规定：遗嘱或赠与合同中确定只归夫或妻一方的财产不是夫妻共同财产。“其他应当归共同所有的财产”的范围，《婚姻法司法解释二》第十一条有详细解释，其范围是：一方以个人财产投资取得的收益；男女双方实际取得或者应当取得的住房补贴、住房公积金；男女双方实际取得或者应当取得的养老保险金、破产安置补偿费。

本案中，小东在结婚后继承母亲的遗产 2 万元，属于在婚姻关系存续期间继承所得的财产，且不属于第十八条第三项规定的除外情形，因此应该属于夫妻共同财产的范畴。

66 离婚后，如何清偿夫妻关系存续期间的共有债务？

案例描述

小红和小东在 2004 年 8 月离婚，就夫妻关系存续期间的共有债权、债务进行确认，共对外欠下 6 万元，约定分别承担一半债务。2004 年 10 月，小东偿还了全部 6 万元债务，依据确认书要求小红承担一半的债务，即偿还自己垫付的 3 万元。但是小红以双方没有婚姻关系为由拒绝偿还。

◆ 问题　小东是否有权向小红追偿？

◆ 解析　《婚姻法》对离婚时的债务承担有明确规定。第四十一条规定：离婚时，原为夫妻共同生活所负的债务，应当共同偿还。共同财产不足清偿的，或财产归各自所有的，由双方协议清偿；协议不成时，由人民法院判决。两人在婚姻关系存续期间，因向他人借款未能按期归还被提起诉讼，要求夫妻一方清偿债务的，一方在偿还了债务后，可基于"夫妻关系期间的共同债权、债务确认书"中的约定，向另一方行使追偿权，要求另一方承担一半的共同债务。

因此，小东在偿还了 6 万元债务后，有权要求小红依据共有债权、债务确认书规定偿还 3 万元。

67 家庭暴力的受害人可以通过什么途径保护自己？

案例描述

小红和小东结婚后，小东因为工作不顺利经常酒后殴打小红。小红认为自古以来都是“清官难断家务事”，不知道自己被打可以通过什么途径保护自己。

◆ 问题　家庭暴力的受害人可以通过什么途径保护自己？

◆ 解析　《中华人民共和国反家庭暴力法》（以下简

称《反家庭暴力法》）将家庭成员之间以殴打、捆绑、残害、限制人身自由以及经常性谩骂、恐吓等方式实施的身体、精神等侵害行为规定为家庭暴力。本案中小东经常酒后殴打小红的行为已经构成了家庭暴力，依《反家庭暴力法》第十三条规定：家庭暴力受害人及其法定代理人、近亲属可以向加害人或者受害人所在单位、居民委员会、村民委员会、妇女联合会等单位投诉、反映或者求助。有关单位接到家庭暴力投诉、反映或者求助后，应当给予帮助、处理。家庭暴力受害人及其法定代理人、近亲属也可以向公安机关报案或者依法向人民法院起诉。单位、个人发现正在发生的家庭暴力行为，有权及时劝阻。所以，小红可以向村委会、小东所在的单位提出请求，请他们予以劝阻、调解；或者在小东正殴打自己时向公安机关报警，请求公安机关依照治安管理处罚的法律规定予以行政处罚。

如果以上措施仍不能保护小红免受家庭暴力，根据《反家庭暴力法》，她还可依法向法院申请人身安全保护令，人身安全保护令可以包括下列措施：①禁止被申请人实施家庭暴力；②禁止被申请人骚扰、跟踪、接触申请人及其相关近亲属；③责令被申请人迁出申请人住所；④保护申请人人身安全的其他措施。人身安全保护令送达被申请人时即生效，表明受害人从此就是人民法院依法明确保护的对象，这种保护是以法制强制力为后盾的“特别保护”。在申请人身安全保护令后，倘若小东“旧病复发”，法院既可依法处以经济上的罚款，又可采取司法拘留，甚至追究刑事责任。

68 如何申请人身安全保护令？

案例描述

小红经常无故受到丈夫小东的殴打、谩骂，痛苦不堪，但是为了女儿又不忍心离婚，小红听说可以向法院申请人身安全保护令。

◆问题　如何申请人身安全保护令？

◆解析　人身安全保护令是一种民事强制措施，即法院为了保护家庭暴力受害人及其子女和特定亲属的人身安全、确保婚姻案件诉讼程序的正常进行而做出的民事裁定。人身安全保护令可以包括下列措施：①禁止被申请人实施家庭暴力；②禁止被申请人骚扰、跟踪、接触申请人及其相关近亲属；③责令被申请人迁出申请人住所；④保护申请人人身安全的其他措施。《反家庭暴力法》第二十三条规定：当事人因遭受家庭暴力或者面临家庭暴力的现实危险，向人民法院申请人身安全保护令的，人民法院应当受理。申请人身安全保护令应当以书面方式提出；书面申请确有困难的，可以口头申请，由人民法院记入笔录。人身安全保护令案件由申请人或者被申请人居住地、家庭暴力发生地的基层人民法院管辖。

因此，小红可以向其居住地或家庭暴力发生地的基层人民法院申请人身保护令。

69 花钱买媳妇合法吗？

案例描述

已经36岁的小东家境贫寒，还没有结婚。小东见村里有人花钱买来了外地媳妇，小东也有了这样的想法，四处打听买媳妇的事情。

◆ **问题**　*花钱买媳妇合法吗？*

◆ **解析**　小东同村人花钱买媳妇的行为已经涉嫌拐卖妇女罪。拐卖妇女是指以出卖为目的，有拐骗、绑

架、收买、贩卖、接送、中转妇女的行为之一的。根据《中华人民共和国刑法》(以下简称《刑法》)第二百四十条规定，收买被拐卖妇女，强行与其发生性关系的，按照强奸罪定罪处罚；收买被拐卖的妇女、儿童，对被买儿童没有虐待行为，不阻碍对其进行解救的，可以从轻处罚；按照被买妇女的意愿，不阻碍其返回原居住地的，可以从轻或者减轻处罚。

可见，花钱买媳妇有可能人财两空，还要因此承担刑事责任，可以说是得不偿失。

70 父母有权决定女儿的婚姻吗?

案例描述

小红高中毕业后外出打工，现已到了结婚的年龄。父母为小红物色了同村的小伙子小明，小红并不中意小明，也不愿意和他结婚。父母认为自古以来婚姻就是“父母之命，媒妁之言”，作为父母可以为女儿决定结婚的人选。

◆ 问题　小红父母可以决定她的婚姻吗?

◆ 解析　《婚姻法》第二条规定我国实行婚姻自由的婚姻制度。第三条规定禁止包办、买卖婚姻和其他干涉婚姻自由的行为。第五条规定结婚必须男女双方完全自愿，不许任何一方对他方加以强迫或任何第三者加以干涉。

因此，小红结婚也必须是在自己和男方完全自愿的前提下，小红的父母无权决定女儿的婚姻。

71 婆婆重病，儿媳不支付医药费怎么办?

案例描述

小红和小东结婚数十年。小东的母亲在一次体检中查出已经是肝癌晚期，接受了 3 个月的治疗，花费了 20 万元。此时小红认为婆婆的病是无底洞，最终无法避免人财两空的结局，于是不再支付婆婆的医药费，躺在病房中的婆婆非常绝望。

◆**问题**　婆婆重病，儿媳不支付医药费怎么办?

◆**解析**　我国法律规定，在婚姻关系存续期间，夫妻不能对共同财产进行分割，但是在特殊情况下，夫妻一方可请求分割共同财产。《最高人民法院关于适用〈中华人民共和国婚姻法〉若干问题的解释（三）》第四条规定：婚姻关系存续期间，夫妻一方请求分割共同财产的，人民法院不予支持，但有下列重大理由且不损害债权人利益的除外：①一方有隐藏、转移、变卖、毁损、挥霍夫妻共同财产或者伪造夫妻共同债务等严重损害夫妻共同财产利益行为的；②一方负有法定扶养义务的人患重大疾病需要医治，另一方不同意支付相关医疗费用的。

因此，小东可以通过向法院请求分割夫妻共同财产，来支付母亲的医药费。

72 “假离婚”有什么风险？

案例描述

小红和丈夫小东进城经商，为了在购买房子时享受税收优惠政策，两人想出了“假离婚”的主意。两人约定先去办理离婚手续，等房子买好了再复婚，小红当时认为既然是“假离婚”，在离婚协议中约定夫妻财产归小东，小红净身出户。离婚后1个月小东就和小霞办理了结婚登记，小红怎么也想不明白，说好的“假离婚”怎么就成真的了。

◆ **问题** “假离婚”有什么风险？

◆ **解析** 在日常生活中，人们一般将事先约定好离婚后再复婚的情形称为“假离婚”。其实“假离婚”并不是一个法律概念，只要办理了离婚手续，就是婚姻关系的解除，双方就不再是夫妻关系。《婚姻法》第三十五条规定：离婚后，男女双方自愿恢复夫妻关系的，必须到婚姻登记机关进行复婚登记。

本案中，小红和小东在离婚时达成了离婚协议，对夫妻共同财产进行了分割，双方办理了离婚手续，意味着婚姻关系的终结，并不存在“假离婚”。可见，“假离婚”最大的风险是成为真离婚。

73 殴打插足自己婚姻的“小三”违法吗？

案例描述

小红发现老公与王某有不正当男女关系。为了羞辱王某，某日在王某逛商场时，小红对王某大打出手，甚至扒光了王某的衣服。

◆ **问题** 小红的做法违法吗？

◆**解析** 小红在公共场所殴打、扒光王某衣服的行为可能触犯刑法，构成犯罪。《刑法》第二百三十七条规定：以暴力、胁迫或者其他方法强制猥亵他人或者侮辱妇女的，处 5 年以下有期徒刑或者拘役。聚众或者在公共场所当众犯前款罪的，或者有其他恶劣情节的，处 5 年以上有期徒刑。小红为了达到羞辱王某的目的，在商场这样的公共场所扒光王某的衣服，可能触犯侮辱罪。《刑法》第二百三十四条规定：故意伤害他人身体的，处 3 年以下有期徒刑、拘役或者管制。如果王某的伤势经过鉴定构成轻伤，那么小红的行为就已经构成了故意伤害罪。

即使小红的情节较轻不构成犯罪，也触犯了《中华人民共和国治安管理处罚法》。该法第二条规定：扰乱公共秩序，妨害公共安全，侵犯人身权利、财产权利，妨害社会管理，具有社会危害性，依照《刑法》的规定

构成犯罪的，依法追究刑事责任；尚不够刑事处罚的，由公安机关依照本法给予治安管理处罚。

因此，小红的行为不仅不能维护自己的婚姻，还将受到法律的惩罚。在自己的婚姻受到第三者的影响时，应该理智思考，运用法律手段维护自己的权益，而不是盲目冲动，最终让自己陷入违法的境地。

74 离婚时孩子一定判给母亲吗？

案例描述

小红和小东婚后育有一子，2016 年小红到法院起诉离婚，要求分割夫妻共同财产并且将儿子的抚养权判归自己。小红认为儿子只有 11 岁，尚未成年，母亲对孩子的照顾更加细致、周到，儿子的抚养权理应归自己。

◆ **问题** 父母离婚后，孩子的抚养权一定归母亲吗？

◆ **解析** 夫妻离婚，子女的抚养权归属受子女年龄的影响。对于哺乳期和两周岁以下的子女，一般由母亲抚养。我国《婚姻法》第三十六条第三款规定：离婚后，哺乳期内的子女，以随哺乳的母亲抚养为原则。哺乳期后的子女，如双方因抚养问题发生争执不能达成协议时，由人民法院根据子女的权益和双方的具体情况判决。最高人民法院《关于人民法院审理离婚案件处理子女抚养问题的若干具体意见》第一条规定：两周岁以下的子女，一般随母方生活。母方有下列情形之一的，可随父方生活：患有久治不愈的传染性疾病或其他严重疾病，子女不宜与其共同生活的；有抚养条件不尽抚养义务，而父方要求子女随其生活的；因其他原因，子女确无法随母方生活的。

对于2～10周岁的子女，一般以有利于子女成长为原则。最高人民法院《关于人民法院审理离婚案件处理子女抚养问题的若干具体意见》第二条规定：对两周岁以上未成年的子女，父方和母方均要求随其生活，一方有下列情形之一的，可予优先考虑：已做绝育手术或因其他原因丧失生育能力的；子女随其生活时间较长，改变生活环境对子女健康成长明显不利的；无其他子女，而另一方有其他子女的；子女随其生活，对子女成长有利，而另一方患有久治不愈的传染性疾病或其他严重疾

病，或者有其他不利于子女身心健康的情形，不宜与子女共同生活的。

对于10周岁以上的未成年子女，应考虑子女的意见。最高人民法院《关于人民法院审理离婚案件处理子女抚养问题的若干具体意见》第五条规定：父母双方对10周岁以上的未成年子女随父或随母生活发生争执的，应考虑子女的意见。

本案中小红的儿子已经11周岁，具有一定的判断能力，在抚养问题上应该考虑他的意见，而不是单纯考虑母亲会对子女的照顾更加细致。

75 什么是离婚损害赔偿？

案例描述

小东在和小红结婚1个月后去外地打工，在工厂认识了同乡的小霞。二人在相处中产生了感情，小东隐瞒了已婚的事实，在厂外租了房子和小霞同居。小红听说此事后气愤不已，向律师咨询离婚事宜，律师建议小红主张离婚损害赔偿。

◆ **问题** 什么是离婚损害赔偿？

◆ **解析** 离婚损害赔偿是指在离婚时，无过错一方可以向婚姻关系中有过错的一方主张离婚损害赔偿。《婚姻法》第四十六条规定有下列情形之一，导致离婚的，无过错方有权请求损害赔偿：①重婚的；②有配偶者与他人同居的；③实施家庭暴力的；④虐待、遗弃家庭成员的。

本案中小东婚后和小霞同居，属于四十六条中“有配偶者与他人同居”的情形。而小红要求离婚，也正是因为小东对婚姻的不忠诚，因此，小红可以主张离婚损害赔偿。

76 胎儿有继承权吗？

案例描述

小红与丈夫小东结婚后，怀孕期间丈夫出车祸意外死亡。在分割丈夫遗产时，小红主张应该为腹中胎儿预留遗产份额。

◆ 问题　小红的说法有法律依据吗？

◆ 解析　依据《中华人民共和国继承法》（以下简称《继承法》）第二十八条规定，遗产分割时应当保留胎儿的继承份额。因此，小红的主张是有法律依据的。关于小红腹中胎儿的继承权按以下三种情况详细划分：①胎儿未出生时就死亡的，为其预留的遗产份额应该作为小东的遗产重新被其他继承人继承；②胎儿出生后死亡的，为其预留的遗产份额作为他的遗产被其继承人继承；③胎儿出生后生存的，预留的份额被其继承。

因此，依据法律规定应该为腹中的胎儿预留遗产份额，小红的主张是有法律依据的。

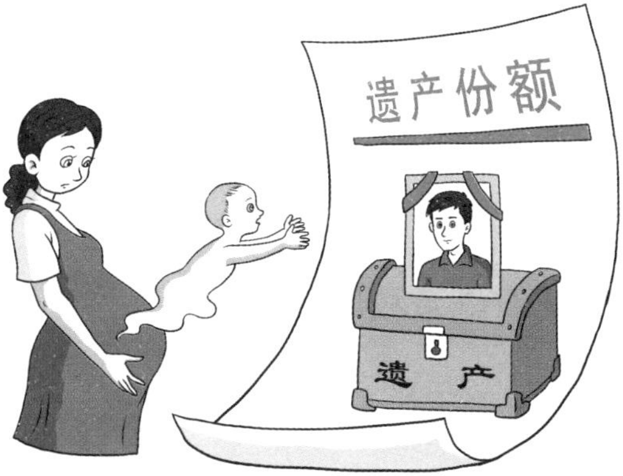

77 已经出嫁的女儿有权继承父母的遗产吗?

案例描述

小红父母去世后留有一个农家院和5万元现金。在分割遗产时，小红的两个哥哥主张，小红出嫁了就是外人，无权继承父母的遗产。

◆问题　出嫁女小红有继承权吗?

◆解析　小红哥哥的主张是不对的。我国《继承法》第九条明确规定继承权男女平等。无论是儿子还是女儿，无论女儿是否外嫁，都和儿子平等地享有继承权。同时《继承法》第十条规定了配偶、子女、父母是第一顺序继承人。

本案中，小红的父母去世后，小红作为女儿和两个哥哥一样都是父母遗产的第一顺序继承人。

78 出嫁女有赡养父母的义务吗?

案例描述

小红结婚后很少回家探望父母，今年年初母亲因脑出血导致瘫痪。小红的弟弟提出，母亲现在需要人照顾，希望小红可以和自己一起照顾母亲。小红则认为养儿防老，应该由弟弟为父母养老，而且自己已经嫁出去了，对父母就没有赡养义务。

◆**问题** 出嫁女有赡养父母的义务吗?

◆**解析** 子女对父母有赡养扶助的义务属于法定义务，不会因为子女婚姻关系的建立就受到影响。我国传统观点认为“养儿防老”，将养老的重担全部压在儿子身上，同时将所有遗产留给儿子，既不指望外嫁女养老，也不由外嫁女继承遗产的观点是错误的。法律规定儿子和女儿都有赡养父母的义务，都有继承父母遗产的权利。

因此，本案中小红不能以出嫁为由，拒绝承担赡养父母的义务。

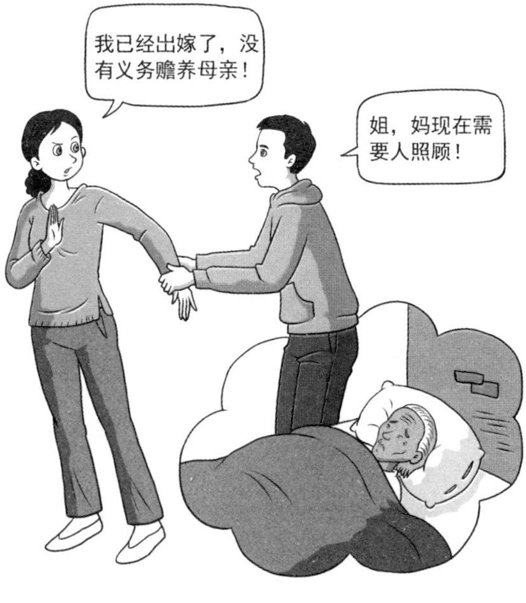

79 丈夫去世后，妻子在继承丈夫财产后可以携带财产改嫁吗？

案例描述

小红的丈夫小东因病去世，小红继承了小东的遗产后，经人介绍认识了小王。在准备结婚时遭到了小东父母的极力反对，他们说改嫁可以，但是不能带走小东的遗产。

◆ 问题　小红可以在继承了丈夫的遗产后改嫁吗？

◆ 解析　《继承法》对继承配偶遗产后再婚的有明确规定。第三十条规定：夫妻一方死亡后另一方再婚的，有权处分所继承的财产，任何人不得干涉。

因此，本案中小红再婚时有权处分其继承的小东的遗产，其携带所继承遗产改嫁的行为合法，小东的父母无权干涉。

80 丧偶儿媳对公婆有赡养义务吗？

案例描述

小红的丈夫小东因病去世，小红在和同村的小李谈了一段恋爱之后，打算结婚。因为小红的公婆只有小东一个儿子，在得知小红再嫁的想法之后，对小红说："我们只有小东一个儿子，现在他不在了，你作为他的媳妇，应该为我们养老送终。"

◆ 问题　丧偶儿媳对公婆有赡养义务吗？

◆ 解析　媳妇对公婆、女婿对岳父母的赡养义务是建立在婚姻关系的基础之上的，在婚姻关系不存在时，该赡养义务也就随之解除。小红的丈夫去世后，小红和小东的婚姻关系解除，小红也就不再负有赡养公婆的义务。但是《继承法》也规定丧偶儿媳对公婆、丧偶女婿对岳父母，尽了主要赡养义务的可以作为第一顺序继承人参与遗产继承。

81 丧偶儿媳可以继承公婆的遗产吗？

案例描述

小红 25 岁与丈夫结婚，自结婚起就同公婆住在一起，由于公婆身体不好，日常生活均由小红夫妇承担。丈夫还有两个哥哥在外工作，逢年过节也来看望二老。5 年前，小红丈夫因病去世，小红和儿子一如既往地照料公婆，之后公婆相继死亡，留有遗产。

◆问题　小红有权继承公婆的遗产吗？

◆解析　《继承法》第十二条明确规定：丧偶儿媳对公婆、丧偶女婿对岳父母，尽了主要赡养义务的，作为第一顺序继承人。本案中小红自结婚起就与公婆同住，照顾公婆的日常起居，而且在丈夫去世后仍对公婆尽了主要赡养义务，因此小红可以作为第一顺序继承人继承公婆的遗产。

妇女、儿童、老年人
权益保护问题

82 女孩是否应该接受义务教育?

案例描述

小雨今年 13 周岁，读初中二年级。但小雨的父母认为女孩子终究是要嫁人的，认识几个字就可以，没必要读那么多书，还不如早点打工挣钱，于是在初中三年级开学时让小雨跟自己外出打工。

◆ 问题　小雨父母的做法正确吗?

◆ 解析　未成年人有权接受义务教育，父母或者其

他监护人应当尊重未成年人受教育的权利，必须使适龄未成年人依法入学接受并完成义务教育，不得使接受义务教育的未成年人辍学。为了保障女性未成年人的受教育权，《中华人民共和国妇女权益保障法》（以下简称《妇女权益保障法》）第十八条明确规定，父母或者其他监护人必须履行保障适龄女性儿童少年接受义务教育的义务。除因疾病或者其他特殊情况经当地人民政府批准的以外，对不送适龄女性儿童少年入学的父母或者其他监护人，由当地人民政府予以批评教育，并采取有效措施，责令送适龄女性儿童少年入学。本案中小雨的父母不让小雨接受义务教育的做法是错误的。

当然，保障未成年人接受义务教育不仅是父母的责任，也是政府、社会、学校的责任，法律规定政府、社会、学校应当采取有效措施，解决适龄女性儿童少年就学存在的实际困难，并创造条件保证贫困、残疾和流动人口中的适龄女性儿童少年完成义务教育。

83 父母将亲生子女送人合法吗？

案例描述

小红和小东婚后生下一名女婴，两人将女婴送给了邻村一对不能生育的夫妇，并且获得了5万元“营养费”。

◆ 问题　小红夫妇的做法合法吗？

◆ 解析　最高人民法院、最高人民检察院、公安部、司法部联合出台的《关于依法惩治拐卖妇女儿童犯罪的意见》指出，要严格区分借送养之名出卖亲生子女与民间送养行为的界限。区分的关键在于行为人是否具有非法获利的目的。应当通过审查将子女“送”人的背景和原因、有无收取钱财及收取钱财的多少、对方是否具有抚养目的及有无抚养能力等事实，综合判断行为人是否具有非法获利的目的。具有下列情形之一的，可以认定属于出卖亲生子女，应当以拐卖妇女、儿童罪论处：①将生育作为非法获利手段，生育后即出卖子女的；②明知对方不具有抚养目的，或者根本不考虑对方是否具有抚养目的，为收取钱财将子女“送”给他人的；③为收取明显不属于“营养费”“感谢费”的巨额钱财将子女“送”给他人的；④其他足以反映行为人具有非法获利目的的“送养”行为的。

本案中小红夫妇将亲生女儿“送给”他人，并收取了高额的营养费，可以认定属于出卖亲生子女，应当以拐卖妇女、儿童罪论处，已经构成了《刑法》第二百四十条规定的拐卖儿童罪，依《刑法》承担刑事责任，可能会被处 5 年以上 10 年以下有期徒刑，并处罚金。同样，收买被拐卖儿童的夫妇同样触犯了《刑法》第二百四十一条规定的收买被拐卖儿童罪，可能处 3 年以下有期徒刑、拘役或者管制。该法条规定，收买被拐卖的妇女、儿童，对被买儿童没有虐待行为，不阻碍对其进行解救的，可以从轻处罚。

84 奉行“棍棒底下出孝子”，对孩子体罚合法吗？

案例描述

小红自小家教甚严。小红自己也认为“棍棒底下出孝子”，在小红生下儿子之后，更是对儿子严加管教。随着年纪的增长，儿子越来越淘气，小红为了管教儿子，时常将儿子关进小黑屋让他“面壁思过”，甚至用棍棒打儿子。

◆问题　小红体罚儿子的做法合法吗？

◆解析　父母或其他监护人应当以适当的方法教育和影响未成年人，而不是采用体罚的方式。《中华人民共和国未成年人保护法》（以下简称《未成年人保护法》）第十条规定：父母或者其他监护人应当创造良好、和睦的家庭环境，依法履行对未成年人的监护职责和抚养义务。禁止对未成年人实施家庭暴力，禁止虐待、遗弃未成年人，禁止溺婴和其他残害婴儿的行为，不得歧视女性未成年人或者有残疾的未成年人。

本案中，小红对儿子的管教应以教育、关爱、引导为主，而不是采取体罚，小红的做法已经违反了法律规定。

85 父母可以允许未成年子女结婚吗？

案例描述

小红和小东两人初中毕业后一起外出打工，互相爱慕，开始恋爱。2015 年春节，双方父母认为虽然两人还不满 18 周岁，但孩子互相喜欢，就让他们结婚好了，这样在外面打工时还有照应，家里也放心。

◆ 问题　父母可以允许未成年子女结婚吗？

◆ 解析　父母应该为未成年子女的身心健康考虑，遵守法律关于保护未成年人的规定。我国《未成年人保护法》第十五条规定：父母或者其他监护人不得允许或者迫使未成年人结婚，不得为未成年人订立婚约。同时我国《婚姻法》第六条对法定结婚年龄做出规定，男不得早于 22 周岁，女不得早于 20 周岁。

本案中，小红和小东不满 18 周岁，还没达到法定结婚年龄，不能办理结婚登记手续。其父母让未成年子女结婚的行为是违反《未成年人保护法》和《婚姻法》的。

86 学校有权开除未成年学生吗？

案例描述

小红的儿子小壮今年 13 周岁，是一名初中二年级的学生，因为在学校和同学打架，学校对其做出开除学籍的处分。小红认为学校应该对小壮耐心教育、帮助，不能随意开除小壮。

◆问题　学校有权开除未成年学生吗?

◆解析　我国《宪法》和《未成年人保护法》均规定未成年人有接受义务教育的权利，国家、社会、学校和家庭尊重和保障未成年人的受教育权。《未成年人保护法》第十八条规定：学校应当尊重未成年学生受教育的权利，关心、爱护学生，对品行有缺点、学习有困难的学生，应当耐心教育、帮助，不得歧视，不得违反法律和国家规定开除未成年学生。

因此，小壮在学校和同学打架，学校应该本着有利于未成年人成长的原则对其进行批评教育，而不是开除他。

87 在村委会换届选举中，妇女有选举权和被选举权吗？

案例描述

周家庄村村委会面临换届选举，但是有一部分村里的妇女没有拿到选票，无法参与此次换届选举。

◆ 问题 *在村委会换届选举中，妇女有选举权和被选举权吗？*

◆ 解析 我国《宪法》第九条规定国家保障妇女享有与男子平等的政治权利。第十一条规定妇女享有与男子平等的选举权和被选举权。在村委会的换届选举中，妇女依法享有选举权和被选举权。不仅如此，《中华人民共和国村民委员会组织法》更是明确规定村委会成员中应有妇女成员。该法第六条规定：村民委员会由主任、副主任和委员共3～7人组成。村民委员会成员中，应当有妇女成员，多民族村民居住的村应当有人数较少的民族的成员。

因此，周家庄村村委会应该为没有拿到选票的妇女补发选票，确保每一个有选举权的妇女可以行使该权利。

88 结婚后，妻子应该绝对服从丈夫吗？

案例描述

小红和丈夫小东结婚后，小东就给小红订下了“家规”：第一，小红辞去工作，在家承担家务、照顾父母；第二，小红花钱必须经过自己的同意。起初小红认为小东收入不错，家里没有经济压力，于是辞职在家承担家务。但是小东的性格越来越古怪，之后对小红的限制越来越严格，甚至不让小红出门。

◆ 问题　结婚后妻子应该绝对服从丈夫吗？

◆ 解析　我国《婚姻法》规定，夫妻在家庭中地位平等，夫妻双方并不是对方的附属品。《婚姻法》第十五条规定：夫妻双方都有参加生产、工作、学习和社会活动的自由，一方不得对他方加以限制或干涉。小红为了照顾家庭自愿辞职在家，但并不意味着丈夫就有权利限制其人身自由，小东为小红订立的“家规”使婚姻关系处于不平等的状态，已经违反了相关法律规定。

此外，《婚姻法》第十七条第二款规定，夫妻对共同所有的财产有平等的处理权。应从两个层面理解该法条：①因日常生活需要而处理夫妻共同财产的，任何一方均有权决定；②夫或妻非因日常生活需要对夫妻共同

财产做重要处理决定，夫妻双方应当平等协商，取得一致意见。因此小红要花钱时必须经过小东的同意也是不合法的。

89 产下女婴后被婆家虐待怎么办？

案例描述

小红剖腹产生下女儿后，医生叮嘱，为保证身体健康，短期之内不要怀孕生育。可是婆婆和丈夫不停地劝说小红赶紧生个儿子，小红看到他们如此重男轻女，提出想过几年再生孩子的想法，自己现在只想把女儿带大。自此之后婆婆和丈夫都不照顾刚刚生完孩子的小红，两人对小红冷言冷语，甚至谩骂殴打。小红苦恼至极。

◆问题　小红该怎么办?

◆解析　《妇女权益保障法》第三十五条规定：妇女的生命健康权不受侵犯。禁止溺、弃、残害女婴；禁止歧视、虐待生育女婴的妇女和不育妇女；禁止用迷信、暴力手段残害妇女；禁止虐待、遗弃老年妇女。

本案中，对于丈夫和婆婆的虐待行为，小红有权拿起法律武器依法保护自己的权利。

90 放弃继承权就可以不赡养老人吗?

案例描述

李老太今年 80 岁，和大儿子生活在一起，并由大儿子照顾生活起居，因患有高血压、心脏病等多种疾病，每年要住院好几次。大儿子认为小儿子既不出钱，也不出力，更不用说对老母亲精神上的慰藉了，显然没有尽到赡养的义务。多次与小儿子联系，小儿子却说，当初分家析产时，他早就放弃了对李老太财产的继承权，所以，现在他没有赡养母亲的义务。

◆问题　小儿子的说法对吗？

◆解析　《宪法》和《婚姻法》中都写明子女有赡养扶助父母的义务。案中小儿子的行为已经触犯了相关法律。首先，小儿子强调自己在分家析产中就放弃继承权的说法是错误的。分家析产，是共同生活的家庭成员，将原来共有的家庭财产按照平等、养老育幼等原则分割为几个独立所有权的行为。这与被继承人死亡后分割遗产是完全不同性质的行为。所以，分家析产是不会涉及遗产继承的问题的。

即便小儿子明确表示放弃对李老太遗产的继承权，也不能免除他的赡养义务。《中华人民共和国老年人权益保障法》（以下简称《老年人权益保障法》）第十九条规定：赡养人不得以放弃继承权或者其他理由，拒绝履行赡养义务。

因此，本案中小儿子的说法于法无据，他必须承担赡养母亲的义务。如果赡养人不履行赡养义务，老年人有要求赡养人付给赡养费等权利。

91 没有子女的农村老年人谁来养老？

案例描述

李奶奶瘫痪在床，她无儿无女，也没有其他赡养人和扶养人。

◆ 问题　该由谁来为李奶奶养老?

◆ 解析　《老年人权益保障法》第三十一条规定:国家对经济困难的老年人给予基本生活、医疗、居住或者其他救助。老年人无劳动能力、无生活来源、无赡养人和扶养人,或者其赡养人和扶养人确无赡养能力或者扶养能力的,由地方各级人民政府依照有关规定给予供养或者救助。《农村五保供养工作条例》第六条规定:老年、残疾或者未满 16 周岁的村民,无劳动能力、无生活来源又无法定赡养、抚养、扶养义务人,或者其法定赡养、抚养、扶养义务人无赡养、抚养、扶养能力的,享受农村五保供养待遇。第十二条规定:农村五保供养对象可以在当地的农村五保供养服务机构集中供养,也可以在家分散供养。农村五保供养对象可以自行选择供养形式。第十三条规定:集中供养的农村五保供

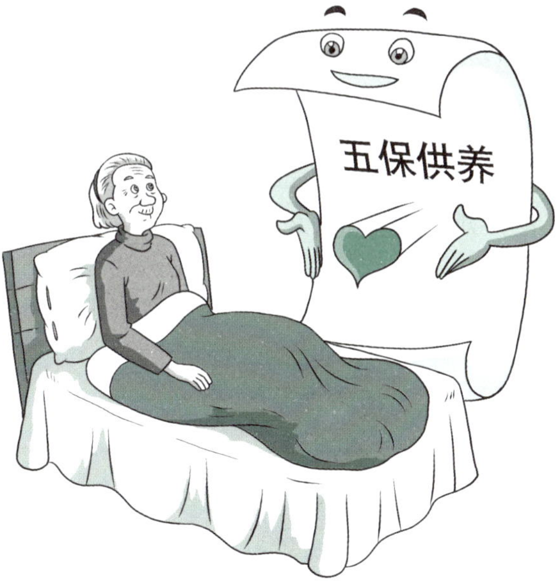

养对象，由农村五保供养服务机构提供供养服务；分散供养的农村五保供养对象，可以由村民委员会提供照料，也可以由农村五保供养服务机构提供有关供养服务。

因此，按照法律规定，李奶奶可以享受农村五保供养待遇，可以选择在当地的农村五保供养服务机构集中供养，若选择在家供养可以由村民委员会提供照料，也可以由农村五保供养服务机构提供有关供养服务。

92 老人将自己名下房屋出租，其子女收取租金并归为己有，这样做合法吗？

案例描述

李奶奶在老伴去世后将自己名下的一套房屋出租，每月租金 1000 元。今年 8 月，李奶奶找租户小红收房租时，小红却说前几天李奶奶的大儿子已经来收过了，自己已经如数交给了他。李奶奶找到自己的大儿子询问，大儿子说自己最近打算承包村里的果园，手头比较紧，而且李奶奶现在也不需要这笔钱，所以就把房租先收走了。将来李奶奶病了需要用钱，自己作为儿子也一定会履行赡养义务的。

◆ **问题**　大儿子有权将李奶奶的房屋租金收归自己所有吗？

◆ **解析** 个人合法财产所有权受法律保护。《宪法》第十三条第一款规定：国家保护公民的合法收入、储蓄、房屋和其他合法财产的所有权。《老年人权益保障法》第二十二条规定：老年人对个人的财产，依法享有占有、使用、收益和处分的权利，子女或者其他亲属不得干涉，不得以窃取、骗取、强行索取等方式侵犯老年人的财产权益。

本案中，李奶奶出租房屋所得属于李奶奶的合法私有财产，他人无权占有，更不能剥夺李奶奶的所有权。子女赡养父母的义务是法定的，是没有前提条件的，子女未经父母允许擅自占有父母的财产是违法行为。李奶奶的大儿子直接将母亲出租房屋的钱归自己所有，已经侵犯了李老太的合法权益。

93 在子女哄骗下老人立下的遗嘱有效吗？

案例描述

李奶奶今年 80 岁，老伴已经去世 5 年之久。某日大儿子利用李奶奶不识字，以为李奶奶购买商业保险需要李奶奶在保险合同上签字为由，骗李奶奶在其拟好的遗嘱上按下了手印。

◆ **问题** 此时李奶奶所立的遗嘱有效吗？

◆ **解析** 《继承法》第二十二条规定：遗嘱必须表示遗嘱人的真实意思，受胁迫、欺骗所立的遗嘱无效。

可见遗嘱必须是遗嘱人真实、自愿的意愿表达。

本案中，李奶奶在大儿子的哄骗下按下手印，并不知道遗嘱的内容，因此所立遗嘱是无效的。

94 老人房产的拆迁补偿款可以直接归子女所有吗?

案例描述

李奶奶和老伴因房屋拆迁获得50万元拆迁补偿款，子女认为将来要赡养李奶奶夫妇，并且迟早要继承他们的财产，因此要求拆迁补偿款直接分给他们。

◆**问题**　老人房产的拆迁补偿款可以直接归子女所有吗?

◆**解析**　《宪法》和《民法通则》都规定了个人的合法财产所有权受法律保护。国家保护公民的合法收入、储蓄、房屋和其他合法财产的所有权。《老年人权益保障法》第二十二条规定：老年人对个人的财产，依法享有占有、使用、收益和处分的权利，子女或者其他亲属不得干涉，不得以窃取、骗取、强行索取等方式侵犯老年人的财产权益。第十四条规定：赡养人应当履行对老年人经济上供养、生活上照料和精神上慰藉的义务，照顾老年人的特殊需要。赡养人是指老年人的子女以及其他依法负有赡养义务的人。需要明确，赡养父母是义务，继承遗产是权利。所谓义务就是必须要履行的，不然将受到法律的制裁。尽了赡养义务的子女，按照法定继承可以分得父母的遗产，但是如果父母在生前立有遗嘱，对遗产有明确处分的话，那就要按照遗嘱分割遗产，子女也有可能分不到遗产。

本案中拆迁补偿款是李奶奶夫妇的财产，其子女无权要求直接归自己所有。李奶奶夫妇可以自行处分拆迁补偿款，也可以通过立遗嘱的方式指定继承人。

95 长期不看望父母违法吗？

案例描述

李奶奶的独生子常年在外地打工，已经有 3 年没有回家看望过李奶奶，只是每月支付 500 元生活费。李奶奶想念儿子，思念成疾。

◆问题　只支付生活费而长期不看望父母违法吗？

◆解析　子女长期不看望父母是违法的。《老年人权益保障法》第十四条规定：赡养人应当履行对老年人经济上供养、生活上照料和精神上慰藉的义务，照顾老年人的特殊需要。第十八条规定：家庭成员应当关心老年人的精神需求，不得忽视、冷落老年人。与老年人分开居住的家庭成员，应当经常看望或者问候老年人。

所以，李奶奶的儿子每月支付生活费是履行了对老年人经济上供养的义务，但是和老人分开居住长期不回家探望，忽略了老年人的精神需求，按照法律规定应当

经常看望或问候老人。

96 父母对待子女“偏心”，受冷落的子女可否拒绝赡养？

案例描述

小红的父母重男轻女，从小就十分偏袒小红的弟弟。现在小红的母亲病重，在医院接受治疗，弟弟要求小红和自己平摊医药费，并且照顾母亲。小红认为既然父母一直偏袒弟弟，那么弟弟也应该承担更多的赡养义务，自己无需承担赡养义务。

◆问题　**小红的想法正确吗？**

◆解析　子女赡养父母的义务属于法律强制性规定。《宪法》规定，成年子女有赡养扶助父母的义务。《婚姻法》第二十一条规定：父母对子女有抚养教育的义务；子女对父母有赡养扶助的义务。父母不履行抚养义务时，未成年的或不能独立生活的子女，有要求父母付给抚养费的权利。子女不履行赡养义务时，无劳动能力的或生活困难的父母，有要求子女付给赡养费的权利。

本案中，父母将小红抚养成人，属于履行了抚养未成年子女的义务。尽管父母重男轻女，他们的“偏袒”行为让小红心里感到不平衡，但不能成为不赡养父母的理由。

邻里关系及其他问题

97 被邻居遗弃的狗咬伤怎么办?

案例描述

小红饲养了一只小狗。因为照顾狗需要花费时间、精力，就把小狗赶到了大街上。1个月后小狗咬伤了在街上行走的老孙，老孙为此花费医药费2 000元，老孙找到小红要求支付医药费。

◆ 问题　小红应该赔偿老孙的医药费吗?

◆ 解析　对于遗弃动物伤人《中华人民共和国侵

权责任法》（以下简称《侵权责任法》）有明确规定。第八十二条规定：遗弃、逃逸的动物在遗弃、逃逸期间造成他人损害的，由原动物饲养人或者管理人承担侵权责任。本案中小红虽然遗弃了小狗，但是仍应当承担小狗在遗弃期间对他人造成的损害，因此小红应当赔偿老孙的医药费。第七十八条规定：饲养的动物造成他人损害的，动物饲养人或者管理人应当承担侵权责任，但能够证明损害是因被侵权人故意或者重大过失造成的，可以不承担或者减轻责任。本案中如果能够证明老孙存在故意或重大过失或因第三人责任导致狗咬伤老孙，那么小红就可以不承担责任或者减轻责任。

98 邻居家的大树影响自家采光怎么办？

案例描述

邻居家的大树影响了小红家房屋的采光，小红多次找到邻居协商，但是邻居坚持认为树长在自家的院子里，别人无权干涉。

◆问题　小红该怎么办？

◆解析　《民法通则》第八十三条规定：不动产的相邻各方，应当按照有利生产、方便生活、团结互助、公平合理的精神，正确处理截水、排水、通行、通风、采光等方面的相邻关系。给相邻方造成妨碍或者损失的，应当停止侵害，排除妨碍，赔偿损失。邻居家的树虽然种在自家的院子里，但是已经影响到了小红家的采光，妨碍了小红家的生活。本着方便生活、团结互助的精神，小红可以要求邻居对树枝进行修剪，保证不影响小红家的采光。

99 冬天在村路上泼洒洗衣服的水，导致村民摔倒受伤的，谁承担责任？

案例描述

小红把洗完衣服的水洒到了家门外的路上，由于天冷，水结了冰，村民路过此路段时总是小心翼翼。小天放学回家时，虽然很注意，还是摔了一跤，导致右腿骨折。

◆ 问题　小天的父母可以找小红承担责任吗？

◆ 解析　《侵权责任法》第八十九条规定：在公共道路上堆放、倾倒、遗撒妨碍通行的物品造成他人损害的，有关单位或者个人应当承担侵权责任。

本案中，小红在冬天将水洒到路上，天冷结冰，妨碍他人同行，小天在经过此路段时小心谨慎，仍然摔倒造成了骨折，因此小天的父母可以要求小红承担赔偿责任。

100 路边堆放砖垛坍塌造成他人损害的，谁承担责任？

案例描述

小东家准备翻盖房屋，年初从某砖厂买来了3万块砖，全部堆放在自家院墙外。由于近几日接连下雨，小李路过时砖垛突然倒塌，小李被砸伤。

◆ 问题　小李被砸伤的责任该由谁承担？

◆ 解析　《侵权责任法》第八十八条规定：堆放物倒塌造成他人损害，堆放人不能证明自己没有过错的，应当承担侵权责任。农村翻盖房屋时，通常情况下会把买来的砖堆放在路边，这实际上是存在安全隐患的。如果堆放物倒塌造成他人损害，堆放人不能证明自己没有过错的，应当承担侵权责任。

所以，本案中小李被砸伤的责任应由小东承担。

101 过路的行人被坠落的砖头砸伤，谁承担责任？

案例描述

小东正在翻盖自家的房子。施工过程中小东不慎滑倒，手中正在搬运的砖头坠落，砸伤了路过的小李，小李为此花费了 7 000 元医疗费。

◆问题 小李被砸伤的责任该由谁承担?

◆解析 《侵权责任法》第十一章对物件损害责任有明确规定。该法第八十五条规定：建筑物、构筑物或者其他设施及其搁置物、悬挂物发生脱落、坠落造成他人损害，所有人、管理人或者使用人不能证明自己没有过错的，应当承担侵权责任。所有人、管理人或者使用人赔偿后，有其他责任人的，有权向其他责任人追偿。

本案中，小东是房屋的所有人，在施工过程中由于小东的原因导致砖头坠落砸伤小李，应由小东承担责任。

102 附近化工厂排出的污水流进自家鱼塘导致鱼苗死亡，怎么办?

案例描述

老孙在本村承包了2亩鱼塘。附近化工厂排放的污水顺着河道流进了老孙的鱼塘里，导致鱼塘里的鱼全部死亡，造成经济损失5万元。

◆问题 老孙应该怎么办?

◆解析 对于污染环境造成损害的赔偿，《侵权责任法》有明确规定。依据《侵权责任法》第六十五条规定：因污染环境造成损害的，污染者应当承担侵权责任。第六十八条规定：因第三人的过错污染环境造成损害的，被侵权人可以向污染者请求赔偿，也可以向第三人请求赔偿。污染者赔偿后，有权向第三人追偿。

本案中，老孙的鱼塘被附近化工厂排出的污水污染，老孙有权要求化工厂承担侵权责任。

103 照相馆未经本人同意擅自将照片摆放在橱窗里展示，怎么办?

案例描述

小红在镇上的爱世界照相馆拍了一组婚纱照，照相馆老板看有几张照片拍得很好，于是放大张贴在照相馆的橱窗里，招揽顾客。一天，小红去镇上办事，发现此事，于是找到老板理论，老板拒绝将照片撤下。

◆ **问题** 小红应该怎么办?

◆ **解析** 公民依法享有肖像权。《民法通则》第一百条规定：公民享有肖像权，未经本人同意，不得以营利为目的使用公民的肖像。本案中照相馆未经小红的同意擅自将小红照片张贴在外，从用来招揽顾客的意图可见该做法是以营利为目的的。

照相馆的做法侵犯了小红的肖像权，小红可要求照相馆停止侵权行为。如果照相馆仍然张贴小红的照片，小红可以起诉到法院，要求照相馆停止侵权、赔礼道歉、赔偿损失。

104 使用药物导致耳聋，该找谁承担责任？

案例描述

小红的儿子今年两岁，因肺炎在县妇幼保健院住院治疗。康复出院后，小红发现儿子听不到声音了。小红带儿子到省医院检查，发现儿子双耳失聪，经鉴定为青霉素致聋。小红回想儿子只有在县妇幼保健院住院期间注射过青霉素，于是找到妇幼保健院。该院院长认为，小红儿子已经出院，小红不能证明就是在县妇幼保健院注射的青霉素致聋的，因此县妇幼保健院不承担责任，并且拒绝提供病例资料给小红。

◆ **问题**　小红该找县妇幼保健院承担责任吗？

◆ **解析**　我国《侵权责任法》在追究医疗机构的医疗损害责任时依据过错推定原则，即医疗机构存在特定情形的，推定其有过错。该法第五十八条规定：患者有损害，因下列情形之一的，推定医疗机构有过错：①违反法律、行政法规、规章以及其他有关诊疗规范的规定；②隐匿或者拒绝提供与纠纷有关的病历资料；③伪造、篡改或者销毁病历资料。

本案中，从县妇幼保健院拒绝提供病例资料的行为可以推定县妇幼保健院存在过错。因此小红可以向法院提起诉讼，要求县妇幼保健院承担责任。如果在诉讼过程中县妇幼保健院不能提供小红儿子耳聋与自己的医疗行为无关的证据，就要承担相应的损害赔偿责任。

105 近亲属不配合医生导致医疗事故，谁该担责？

案例描述

小红怀胎十月，即将临盆。在生产时医生发现胎儿胎位不正，于是对小红的丈夫小东说小红不适合顺产，建议剖腹产，并将坚持顺产的风险告知小东。小东却认为是医院在关键时刻坑自己的钱，坚持让小红顺产。在医生几番劝说之下，小东终于同意剖腹产，但是胎儿却因为生产时间过长窒息死亡。小红悲愤欲绝，要求医院为自己孩子的死亡承担责任。

◆ 问题　医院应该承担责任吗？

◆ 解析　我国《侵权责任法》第六十条规定：患者

有损害，因下列情形之一的，医疗机构不承担赔偿责任：①患者或者其近亲属不配合医疗机构进行符合诊疗规范的诊疗；②医务人员在抢救生命垂危的患者等紧急情况下已经尽到合理诊疗义务；③限于当时的医疗水平难以诊疗。前款第一项情形中，医疗机构及其医务人员也有过错的，应当承担相应的赔偿责任。

本案中，医生在发现小红不适合顺产时，多次劝说小东让妻子接受剖腹产，并告知顺产的风险，是小东的不配合耽误了时间，最终造成胎儿死亡的悲剧。因此医疗机构及医务人员不存在过错，小红不能要求医院承担责任。

106 拾得别人走丢的牛，是否需要归还？

案例描述

李奶奶外出串门时忘记关院门，家里的牛走失，李奶奶找遍了全村没有找到。一日，李奶奶在赶集时发现吴三牵着自己的牛，于是要求吴三归还。吴三拒绝，认为既然牛走进了自己的家里，便是上天给自己的礼物，不能还给李奶奶。

◆ **问题** 李奶奶有权要回自己丢失的牛吗？

◆ **解析** 《民法通则》第七十九条第二款规定：拾得遗失物、漂流物或者失散的饲养动物，应当归还失主，因此而支出的费用由失主偿还。本案中吴三应该将牛归还给李奶奶。《物权法》第二百四十三条规定：不动产或者动产被占有人占有的，权利人可以请求返还原物及其孳息，但应当支付善意占有人因维护该不动产或者动产支出的必要费用。如果吴三明知不是自己的牛，能够积极归还给李奶奶，尚能证明吴三是善意占有人，吴三可以要求李奶奶支付自己饲养牛的必要费用。

本案中吴三明知牛不是自己的，还拒绝李奶奶返还牛的请求，证明吴三是恶意占有，根据《物权法》第二百四十二条规定：占有人因使用占有的不动产或者动产，致使该不动产或者动产受到损害的，恶意占有人应当承担赔偿责任。因此，吴三不仅无权向李奶奶主张饲养牛的必要费用，而且如果在此期间牛受到损害，吴三还应对李奶奶进行赔偿。

主要参考文献

曹三明，2009. 未成年人权益保护案例选编 [M]. 北京：中国社会出版社.

曹险峰，2013. 我国侵权责任法的侵权构成模式——以“民事权益”的定位与功能分析为中心 [J]. 法学研究，24 (6)：88 - 103.

邓敏杰，2004. 以案说法——婚姻法 [M]. 北京：中国社会出版社.

国务院法制办公室政法劳动社会保障法制司，2004. 妇女权益保护常用法律政策手册 [M]. 北京：中央文献出版社.

黄松有，2006. 土地承包司法解释实例释解 [M]. 北京：人民法院出版社.

李克，宋才发，2004. 未成年人保护案例 [M]. 北京：人民法院出版社.

李中华，2009. 专业合作社实务：辅导员篇 [M]. 北京：社会科学文献出版社.

梁发超，2016. 农地承包经营权流转模式探讨 [J]. 西北农林科技大学学报（社会科学版），16 (1)：26 - 30.

马跃进，2008. 合作社的法律属性研究 [M]. 北京：中国财政经济出版社.

牛丽，2008. 婚姻法百问 [M]. 长春：吉林人民出版社.

王晓雪，2015. 我国《反家庭暴力法（草案）》中人身保护令制度的完善 [J]. 河南警察学院学报，24 (4)：118 - 123.

王振民，吴革，2011. 继承纠纷指导案例与审判依据 [M]. 北京：法律出版社.

魏晓雯，2015. 最高人民法院通报 30 起婚姻家庭纠纷典型案例[J]. 中国审判 (23)：89.

肖金明，2013. 老年人权益保障法律制度研究 [M]. 济南：山东大学出版社.

杨立新，2003. 侵权法判例与学说 [M]. 长春：吉林人民出版社.

张晓山，2013. 农民专业合作社规范化发展及其路径 [J]. 湖南农业大学学报（社会科学版），14 (4)：1 - 4.